Eurus

Notus

アクティブ・ラーニングとは何か

渡部　淳
Jun Watanabe

Boreas

Zephyrus

岩波新書
1823

はじめに――学び方改革に向けて

日本の学びの「これまで」と「これから」について考えてみたい。本書では、二〇二〇年を「これから」の起点としている。二〇二〇年という年は、オリンピック・イヤーとして人々に記憶されることになるはずだが、教育の世界では「主体的・対話的で深い学び」(アクティブ・ラーニング)が、二〇一六年一二月に出された中央教育審議会(中教審)答申の方向に沿って本格実施される年でもある。

アクティブ・ラーニングとは何か、本文でくわしく見ていくが、ひと言でまとめると、プレゼンテーションやディスカッションのようなさまざまなアクティビティ(学習技法)を介して、学習者が能動的に学びに取り組んでいくことを指す言葉である。

急速に進む多文化化、情報化などの動きを前にして、時代が大きな転換期に差しかかったと感じている人は多い。いま脚光をあびている学び方改革も、社会のあり方そのものの変化と切り離せない関係にある。

中教審答申は七〇年の周期に注目し、明治の学制の成立（一八七二年）で近代学校制度がはじまり、それから七〇年後の学校教育法（一九四七年）で現代学校制度の根幹が定められ、それからさらに七〇年たって新しい改革がある、と説明している。こうした認識をもとに、学力観・能力観の見直しがおこなわれ、指導と評価の一体化が説かれ、教科の大幅な再編につながることになった。

ここで本書執筆のスタンスに触れておこう。本書は、必ずしも教育を専門としない人々を読者対象に想定している。というのも、アクティブ・ラーニングの意味を、専門家以外の人々に分かりやすく提示し、問題提起する本がこれまでほとんどなかったからだ。総合的な学習の時間（総合学習）の本格実施（二〇〇二年）のときがそうだったように、すでに多くのアクティブ・ラーニング関連本が出版されている。しかし、その多くは教育現場向けに編集されたいわゆる実用書である。

授業スタイルと社会

ではなぜ一般の人々に広く訴えかける本を書こうと思ったのか。その理由は、それぞれの時代の主要な授業スタイル（教授定型）が、その時代を生きる教師や子どもたちの知のあり方だけでなく広く社会のあり方にまで影響を及ぼす、と考えているからだ。そこには以下のような二つの事情がある。

まず第一に、人生の時間に占める授業時間の比重の大きさである。少年期、青年期の若者たちが教室で過ごす時間は膨大なもので、そこでの体験が、彼らの知性はもちろんのこと、感性や身体性(ふるまい方を含む)をも規定している。たかが授業スタイルの問題にすぎないと片づけてしまうには、あまりにも影響が大きいのだ。

ただ実際のところ、学校生活を終えてしまった後では、人間関係をともなう若き日のエピソードとして授業を語ることはあっても、自分の授業体験がどういう社会的文脈に規定されているのかまで考える人はそう多くないだろう。

第二に、授業スタイルと社会のあり方の切り離しがたい関係である。アクティブ・ラーニングは個々人の能力開発だけでなく、次世代の市民形成にも連動している。次代を担う若者たちに、どんな学びの場を提供し、市民としてのどんな共通体験をもってもらうのかということと表裏の関係にある。日本の民主主義の帰趨にかかわると言えば、少々大げさに聞こえるだろうか。

もともと民主主義は、思想、制度、手続きと運用、という三つの側面からなっている。思想や制度について知的に理解することはもちろん大切だが、それだけでは行動につながりにくい。一人ひとりの市民が、社会内的存在であるという自覚をもって、手続きと運用に習熟していくことができれば、その分、参加型民主主義もより実体をともなうものになる。

学び方改革の影響がおよぶ範囲は、決して学校教育の枠内にとどまるものではないのだ。

初発からいささか大上段に振りかぶってしまった形で恐縮だが、本文ではなるべく具体例を豊富に入れて書き進めていくつもりである。

目　次

第1章　授業改革からアクティブ・ラーニングへ

この章では、これまで続けられてきた教育改革と二〇二〇年から本格始動する今回の改革、特にその目玉であるアクティブ・ラーニングの間にどんな関連があるのか、二〇一八年版学習指導要領の特色は何か、そしてアクティブ・ラーニングが導入される国際的な背景として何があるのか、見ていくことにしよう。

1　繰り返されてきたチャレンジ

〝チョーク&トーク〟

まずは、私が授業スタイルに関心を持ちはじめた一九八〇年代の経験を素材にして、私たちが授業というものをどんな風にとらえてきたのか考えてみたい。

授業風景と聞いて、あなたはどんな場面を思い浮かべるだろうか。一定の年齢の人であれば、おそらく黒板を背にして教卓の前に立つ教師とその教師の方を向いてお行儀よく座る子どもたちの姿をイメージするのではないか。

この絵（図1─1）は明治初期の教室風景だが、服装は別として、一〇〇年以上たったいまでも、これが教室の基本的配置になっている。したがって、多くの人が、まずはこの教室風景を所与の授業スタイルと関連づけて思い浮かべても不思議ではない。いわば教室の原風景とでもいうようなものである。

ただ当然のこと、授業スタイルにも移り変わりはある。二〇一六年に英国南西部にあたるデボン州の小学校を四校ほど見学してまわったが、この絵にあるような、いわゆるスクール形式で授業する場面を一つも見ることがなかった。大小の違いはあれ、数人ずつのグループ単位でテーブルを囲むスタイルの授業が圧倒的に多かったのである。

図1-1　明治初期の教室風景（林多一郎『小学教師必携補遺』，1874年）

スクール形式の配置は、〝チョーク&トーク〟による知識注入型授業に適合するスタイルである。ここでは、あたかも花に水をやるように、教師から生徒に向かって知識が注ぎこまれる。

知識注入型授業の最大の利点は、その効率性にある。精選された系統的な知識を、限られた時間でたくさんの生徒に一斉に伝えるのにとりわけ効果的な方法だからだ。その反面、教師が熱心に教えこめば教えこむほど、生徒の方は与えられた知識の咀嚼に追われて、結果的に受動的な姿勢になりがちである。

そうした特徴の反映であろう、私が授業スタイルに関心を向けはじめた一九八〇年代初頭、欧米の帰国生たちから「日本の授業は(現地校の授業に比べ)参加感がなくてつまらない」という言葉がよく出てきた。現地校のプロジェクトで参加・表現型の学びの手ごたえを味わってきた生徒ほど、そういう感想をもらす傾向があった。

東アジア型の教育システム

もっとも、これが日本だけに特有の現象だということではない。知識注入型授業の比重が高いのは、韓国、中国、ベトナム、シンガポールなど、東アジア諸国の教育でも多かれ少なかれみられる傾向だからだ。それを実感したのは、一九八〇年代の半ば、はじめて訪問した韓国の高校で、ある種の既視感を味わったときである。

案内されてソウル高校の教室に足を踏み入れた瞬間、まず目に飛び込んできたのは、黒板に向かって整然と並んでいる六〇人以上の子どもたちの背中だった。一分の隙もなく貼られた掲示物、権威をもって教える教師のたたずまい、一九五〇年代から六〇年代にかけて、自分自身が身をおいていた教室と見紛うような雰囲気の空間がそこにあった。同じころに、アメリカやオーストラリアの少人数授業を参観していたこともあって、コントラストがより強く感じられたこともあるだろう。

こうした経験がもとになって、一九九〇年から〝東アジア型の教育〟という言葉を使いはじめた。特に注目したのが、検定・国定教科書で細部まで統制された教育内容、知識の質よりも量や計算のスピードが重視される受験システム、チャンスが一回かぎりの排他的で激しい受験競争、受験競争の大規模化・低年齢化、一クラスあたりの生徒数の多さ、などの規定条件である。

最後にあげた一クラスの人数ということでいえば、日本がまだ四〇人学級の実現をめざしていたころ、先進諸国では、せいぜい二〇人台、多くとも三〇人台までというのが主要な潮流になっていた。

〝チョーク&トーク〟という言葉が示すように、英語圏でも、講義形式で要点をまとめて板書するスタイルの授業運営もおこなわれている。しかし、そのバランスが問題で、日本のように授業がもっぱらチョーク&トークで運営されているとなれば話は別である。

知識はもちろん重要である。だが、知識の習得だけをゴールにするのではなく、集めた知識を活用して、自らの知を更新していくことのできる〝学び方〟の習得も同時に進めていく必要がある。それが学習者としての自立につながるからだ。

そこで同じ一九九〇年に、教師による知識注入型から生徒が主体になって学ぶ獲得型へ、授業の比重を徐々にシフトしていくべきだ、と主張するにいたった。獲得型授業というのは、自学のトレーニングと参加・表現型学習のトレーニングを二本の柱とする学習指導システムのことだ。それ以来、変わらず訴えてきたのは、学びを全身化、共同化することで、若者たちの学習体験をより豊かなものにしよう、ということである。

ではなぜ日本で注入型授業の比重が高くなるのか。ここまでのことからお分かりいただけると思うが、理由は一つではない。先述の条件がすべて重なったときに、いったいどういうスタイルの授業になるのかという問題である。やや単純化して描き出した東アジア型の教育の諸条件が、効率主義を優先する授業スタイルの規定要因となってきたのである。

ここで注目しておきたいのは、授業スタイルは目に見えやすいものだから、その改革も一見簡単だと思われがちだが、実はそうではない、ということである。授業スタイル自体が教育システムに大きく規定されているものであって、決して教師の心がけ次第で変わるような単純な問題ではない。それが一九九〇年に私が感じたポイントだった。

教授定型の成立とさまざまなチャレンジ

それでは、もう少しだけ視野を広げて、近代学校の成立から今日までの、授業スタイルの変遷に注目してみよう。

一斉講義式の知識注入型授業は、日本の伝統的スタイルと思われがちだが、必ずしもそうではない。稲垣忠彦（一九九五）によれば、一九世紀にアメリカから伝わった一斉教授法が、公教育の支配的な教授形式になったのであって、いわば近代学校の成立とともに海外から移入されたものである。

先述のとおり、この形式によって教授実践の効率や水準が保たれてきたことも事実なのだが、一方では、こうした教授定型に対して、さまざまなチャレンジが繰り返されてきた。

まず、世界的に見ると、画一的な一斉教授法を批判する新教育運動の流れがある。教育の目的を個性の伸長や知的・道徳的・創作的衝動の発達だと説いたスウェーデンのエレン・ケイ（Key, E.）、児童中心主義の立場から保育や幼稚園に大きな影響を与えたイタリアのモンテッソーリ（Montessori, M.）、学校を小社会ととらえ子どもと教師の相互作用をとおして協同的デモクラシー社会の構築をめざしたアメリカのデューイ（Dewey, J.）などが知られている。

これらの教育思想は、個性尊重、経験主義、自学主義などの考え方となって大正期の日本の教育にも大きな影響を与えた。私立学校や師範学校の附属小学校などを舞台にした実践が特に注目されたが、この時期に、沢柳政太郎の成城学園、羽仁もと子の自由学園、赤井米吉の明星学園、野口援太郎の児童の村小学校などが設立されている。

学習指導要領の変遷

戦後の教育改革と授業スタイルの関係は、ほぼ一〇年ごとに改訂される学習指導要領に大きく規定されてきた。特に注目されるのは、問題解決学習と系統学習(科学的知識などを学問体系に即して子どもたちに教授する)の間で、方針が揺れ動いたことである。ごく簡単に流れをみてみよう。

戦後になって間もなく、文部省は教育の目標や内容、方法について考える手引きとして「学習指導要領(試案)」(一九四七年)を作成した。この指導要領の基本スタンスは、各学校が自主的に教育課程を作成し、子どもの生活経験に即して学習課題を設定するというもので、方法としては問題解決学習が採用されたことになる。

ただ、一九五〇年代の半ば以降、学力低下批判の高まりや子どもの問題行動の増加を背景にして、戦後新教育の柱ともいうべき生活単元学習や経験主義の教育方法などに批判の矛先が向かっていくことになった。

法的拘束力をもつようになった一九五八(昭和三三)年の学習指導要領では、教育内容を精選して教えるいわゆる系統学習に転換していくことになる。ところが、早くも一九六〇年代半ばには、系統主義への転換が知識注入的指導の偏重や学習意欲の減退を招いているなどの批判が生まれ、さらに一九六八(昭和四三)年の学習指導要領改訂とともに、詰め込み教育による「おちこぼれ」が社会問題化することになった。

この結果、一九七七(昭和五二)年の学習指導要領改訂では、ゆとりある充実した学校生活の実現が目指されることになる。ただ、一九八〇年代は、校内暴力、家庭内暴力、いじめ、登校拒否(不登校)、非行などの問題が噴出する一方で、学校の管理主義が進んだ時代でもあった。

八〇年代はまた、国際化や情報化が急速に進んだ時期にあたっていて、日本の教育改革も、国際的動向と無縁ではいられなくなった。帰国生の海外体験が注目され、一方で、ワークショップ型の授業を含む教育方法の新しい潮流がつぎつぎに流入してきたのもこの時期である。

その延長線上に、一九八九(平成元)年の学習指導要領の「知識・理解、技能」だけでなく「関心・意欲・態度」が重要だとされる「新しい学力観」の登場、「ゆとり教育」で名高い一九九八(平成一〇)年の学習指導要領での学習内容の三割削減と「総合的な学習の時間」の創設、そして二〇一八年の学習指導要領で登場したアクティブ・ラーニングがあるといえる。

しかしこの間にも、ゆとり教育批判をきっかけとして、放課後を利用した補習、始業前学習、宿題や課題を子どもに与えることを学校の判断でおこなうように要請した遠山敦子文部科学大臣の「確かな学力の向上のための2002アピール――『学びのすすめ』」(二〇〇二年一月)が出されたり、二〇〇八年版の学習指導要領で、総合学習の時間が削減されたりしている。

こうして学習指導要領の変遷にざっと目をとおしてみると、「振り子」のような揺れを繰り返したと喩えられるとおり、戦後の教育行政が大きな方針転換を繰り返してきた様子が浮かび上がってくる。

具体的には、戦前に主流だった一斉講義式の知識注入型授業から戦後まもなくの問題解決型学習へ、一九五〇年代からの系統主義による知識重視の方向へ、再び一九七〇年代後半からの詰めこみ教育の見直しへ、その後の「ゆとり」と「学力」のせめぎ合いへ、という流れである。

ただ、教育現場の実態に注目してみると、決して振り子が同じ振れ幅で揺れてきたわけではない。これまで見てきたとおり、知識注入型の授業が教授定型になっているという事実は変わらないからである。

2　学習システムの改革

しかし、子どもによる自主的・主体的な取り組みを重視する学習指導要領が出るのは、二〇一八年版の指導要領が初めてではない。ここ三〇年ほどの流れを整理する際、特に注目すべきは一九九八年版の指導要領に登場する「総合的な学習の時間」とアクティブ・ラーニングのつながりである。そのことを文部科学省(文科省)の施策がつくられていく経緯に沿って跡づけてみよう。

「総合的な学習の時間」とアクティブ・ラーニング

一九七七年版の学習指導要領で、「おちこぼれ」を生み出す知育偏重の教育が批判された。教科学習の指導でいうと、覚えるだけでなく〝考える社会科〟にして問題解決能力を育てる必要があると強調されたのがその象徴である。また、新たに「ゆとりの時間」が設けられた。いわゆる「ゆとり教育」の始まりである。

そして次の一九八九年版の学習指導要領で、「新しい学力観」が提起される。ここで知識・

理解中心の学力だけでなく、子どもの「関心・意欲・態度」を重視する方向に舵を切ったことが、そのまま現在の能力観とつながっている。

さらに大きなエポックが、一九九八年版の学習指導要領である。教育内容の三割削減が「ゆとり教育」の象徴として話題になったが、それだけでなく、現在の改革に直接つながるような大胆な提起がおこなわれた。とりわけ「総合的な学習の時間」(以下、総合的な学習、総合学習と略記)の創設がその一つである。

総合的な学習のいちばんの特徴は、時間が設定されているものの、内容についての規定がなく、それぞれの学校が自由に内容をデザインすることになっている点だ。子どもたちの「探求活動」や「体験学習」を重視することなど、学習の方法や形態について一定の注文がつけられてはいるが、学習内容は各学校の創意に委ねられることになっている。教科とは違って、点数による評定もつけない。時間は用意されているが内容は決められていないという意味で、いわば「空っぽの器」が総合的な学習の時間だ、ともいえる。

同じく子どもの体験を重視する生活科(一九九二年創設)が小学校一、二年生対象の科目であるのに対し、総合的な学習は小学校三年生から中学、高校生までのすべての子どもが対象になる。

導入のねらいについて説明した指導要領の「総合的な学習の時間の取扱い」という文章は、

分量にすると二七行(一頁分)ほどの、ごく短いものである。

ねらいの第一が、「自ら課題を見付け、自ら学び、自ら考え、主体的に判断し、よりよく問題を解決する資質や能力を育てること」というよく知られた文言である。そして第二が、「学び方やものの考え方を身に付け、問題の解決や探求活動に主体的、創造的に取り組む態度を育て、自己の生き方を考えることができるようにすること」である。

また必要な運用上の配慮として「問題解決的な学習」を積極的に取り入れたり、グループ学習などの多様な学習形態を工夫したりすることなどがあげられている。

この「取扱い」を読むと、総合的な学習のコンセプトとして、プロジェクト学習のエッセンスが盛りこまれていることが分かる。

これからたびたび登場する「プロジェクト(型)学習」という言葉について、ここで簡単に説明しておこう。プロジェクト・メソッドを定式化したキルパトリック(Kilpatrick, W.H.)が、「全精神を打ち込んだ力強い活動」をプロジェクトと定義している。

ただ現在は、ずっと広い意味でプロジェクトという言葉が使われるようになっている。具体的には、学習者自身が課題を設定し、リサーチワーク(調べ活動)をおこない、その成果を報告書や作品にまとめ上げるタイプの学習がそれで、生徒の主体的な活動や体験的な活動を組み込んだ一連の学習活動とそのプロセスをあらわす言葉といってよいだろう。

その意味で、この「取扱い」のねらいは、アクティブ・ラーニングの先がけともいえるものであり、さらにいえば「深い学び」を推奨するものでもある。

ただ、何をやったらいいのか分からないという現場からの声もあって、一九九八年版指導要領では「国際理解、情報、環境、福祉・健康」の四項目を総合学習の課題として例示している。総合学習の実践としてよく知られているのは、小中学校の学習活動でいえば、川や街並みなどの地域調べ、羊やウサギなど動物の飼育、職業体験などの活動、中学・高校でいえば修学旅行先の情報をパンフレットにまとめる活動などである。教室から外に出ていったり、教室と外の世界を結んだりする活動としてさまざまなプログラムが工夫され、現在もおこなわれている。

配当時間だが、当初、小学生については週三時間、中学生では週二~三時間、高校生は卒業までに合計一〇五~二一〇時間とされていた。その後の改訂で減らされることにはなるが、この時点の標準履修時間をみると、高校卒業までの一〇年間で総計七四九~九四八時間という計算になる。

このように、コンセプトの先進性と言い、配当時間の大きさと言い、総合的な学習がいかに思い切った施策であったのかが分かる。注入型授業に慣れ親しんだ教師の側からみると、現場の状況をはるか後方に置き去りにした提案とも見えるものだった。

ただ、アクティブ・ラーニングの提唱は、学校教育の本丸である教科学習の改革まで含むものである。いわば一歩も二歩も踏み込んだ提唱だといえる。これに比べると、「空っぽの器」を用意して、それに盛る体験重視の活動を列挙した総合学習の提唱は、現場から見るとまだしも限定的なものに映る。それだけに、いかにもゴールの見通せない改革が、アクティブ・ラーニングの導入だということになる。

次世代をつくる営み

では、どんな経過をたどってアクティブ・ラーニングの提起にまでいたったのだろうか。その流れを整理すると、改革の特徴がより明瞭に浮かび上がってくる(次頁表1-1)。

直接のはじまりは、学士教育課程(大学教育のこと)の改善を目的とする中央教育審議会(以下、中教審)の「質的転換答申」(二〇一二年)だった。答申は「生涯にわたって学び続ける力、主体的に考える力を持った人材は、学生からみて受動的な教育の場では育成することができない。従来のような知識の伝達・注入を中心とした授業から、教員と学生が意思疎通を図りつつ、一緒になって切磋琢磨し、相互に刺激を与えながら知的に成長する場を創り、学生が主体的に問題

表 1-1　2018 年版学習指導要領関係年表

2012 年	中教審「質的転換答申」: 能動的学修(アクティブ・ラーニング)への転換が必要
2015 年	教育課程企画特別部会「論点整理(案)」: 特定の型を導入するという発想ではなく,「学び全体」を改善する見方が必要.「深い学び, 対話的な学び, 主体的な学びの実現」が目指されるべき
2016 年 8 月	中教審「次期学習指導要領等に向けたこれまでの審議のまとめ」: アクティブ・ラーニングの定義として「主体的・対話的で深い学び」が登場
2016 年 12 月	中教審答申「幼稚園, 小学校, 中学校, 高等学校及び特別支援学校の学習指導要領等の改善及び必要な方策等について」: 包括的な改革を提起
2018 年	学習指導要領:「学びの地図」,「カリキュラム・マネジメント」の確立

を発見し解を見いだしていく能動的学修(アクティブ・ラーニング)への転換が必要である」と提言した。

では、どうすればこの転換が可能になるのか。答申では、アクティブ・ラーニングの例として「個々の学生の認知的、倫理的、社会的能力を引き出し、それを鍛えるディスカッションやディベートといった双方向の講義、演習、実験、実習や実技等を中心とした授業」が例示されていることから、こうした活動の比重を高めることがイメージされていると見ていいだろう。

ちなみに中教審は、文科省の最も重要な審議会である。文部科学大臣の諮問にこたえて、教育の方向性を議論し答申を出す役割を担っている。一九五二年に設置されたが、その後の省庁再編により、生涯学習審議会、大学審議会、教育課程審議会などを統合して、大きな機関になっている。

質的転換の議論は、教育課程企画特別部会の「論点整理(案)」(二〇一五年)に引き継がれる。ここでは、さらに一歩踏み込んだ形で、「学習者の主体的・協働的な学びを実現するには……、たんに特定の型を導入するという発想ではなく、『学び全体』を改善する見方が必要である」とされ、「アクティブ・ラーニングの視点に立った、深い学び、対話的な学び、主体的な学びの実現」が目指されるべきだ、と提起されるに至った。

さらには、二〇一八年に発表された学習指導要領のベースとなる中教審答申(二〇一六年一二月)で、これまでにない包括的な改革が提起されることになる。「幼稚園、小学校、中学校、高等学校及び特別支援学校の学習指導要領等の改善及び必要な方策等について」という長いタイトルが示すとおり、改革のターゲットがすべての校種に及んでいる。

とりわけ注目されるのが、学び方の改革である。何を学ぶか(内容)だけでなく、どのように学ぶか（プロセス）が重要だという視点から、アクティブ・ラーニングへの移行が求められているのだ。「子供たちが、学習内容を人生や社会の在り方と結び付けて深く理解し、これからの時代に求められる資質・能力を身に付け、生涯にわたって能動的に学び続けたりすることができるようにするため、子供たちが『どのように学ぶか』という学びの質を重視した改善を図っていく」とされている。

教育課程の大転換

この中教審答申に先立って、二〇一六年八月に「次期学習指導要領等に向けたこれまでの審議のまとめ」が出た。同年一二月に出された答申は、この「審議のまとめ」の内容と構成を踏襲しつつ、その後におこなわれたヒアリングの結果などを反映させたものである。アクティブ・ラーニングの定義も、「審議のまとめ」で使われた「主体的・対話的で深い学び」という表現がそのまま踏襲されている。

二〇一六年一二月の中教審答申の提起がいかに包括的なものだったか、それを示す事例が数々ある。たとえば、これからの教育課程や学習指導要領に期待される役割を、子どもたちが身につけるべき資質・能力や学ぶべき内容の全体像を一望できる「学びの地図」として活用されることにあると規定したこと、また、「カリキュラム・マネジメント」の確立という言葉を使って、各学校が子どもや地域の実状をふまえた独自の教育計画をもつように求めていること、などがそれである。これらは二〇一八年の指導要領により明確に反映されている。

さらにここでは、「新しい学力観」（一九八九年）の登場以来続いてきた学力観・能力観のさらなる見直しがおこなわれ、また指導と評価の一体化の必要性が説かれ、さらに高校の新科目である「公共」の新設をはじめとした教科の大幅な再編が企図されるなど、さまざまな変革が提起されている。

アクティブ・ラーニングもこうした文脈の中で登場する。この二〇一六年一二月の答申では、新しい時代に必要となる資質・能力として、

①生きて働く「知識・技能」
②未知の状況にも対応できる「思考力・判断力・表現力」
③学びを人生や社会に生かそうとする「学びに向かう力・人間性」

という三つの柱があげられている。これらの資質・能力を、「何を知っているか」という観点

だけでなく「何ができるようになるか」という観点にまで発展させてとらえ、それを可能ならしめるものとして「主体的・対話的で深い学び」が位置づけられているのだ。

教育の内容と方法でいえば、学習指導要領が「告示」として法的拘束力をもつようになった一九五八年の指導要領から現行の指導要領にいたるまで、改訂のたびに問題になってきたのはもっぱら内容の方である。指導方法についていえば、ディベートなどの個別的技法が例示されることはあっても、二〇一八年版の指導要領のように、学習システムそのものの改革が提起されたことは一度もなかったといってよい。この一事をとっても、大きな転換点に差しかかっていることが分かる。

以上見てきたことを含めてまとめると、この間の経緯には以下のような特徴があることが分かる。

①初等教育からはじまることの多かった教育改革の流れが、大学教育（「質的転換答申」）から初等・中等教育（「論点整理」）へという逆の方向になっていること

②知識理解を優先する大学入試が中等教育までの授業改革とミスマッチを起こしていると言われ続けてきたのだが、このたびは受験機会の複数化や長文問題の導入など、入試改

革の構想とセットで登場してきたこと（高大接続改革）

③特定の学習技法の導入にとどまらず、学習システム全体の改革を提案していること

の三つである（渡部淳「主権者教育とは何か」『世界』八八二号）。

指導要領の受け止め方は立場で分かれる

では、改革の最前線で活動することになる現場の教師は、学び方改革をどう見ているのだろうか。まだ改革の全体像が浸透していないので、はっきりしたことは言えないが、どの立場から見るかでアクティブ・ラーニングの受け止め方もさまざまに分かれるようだ。

現場教師にインタビューしてみると、もともと総合学習などに熱心に取り組んできた教師ほど、やっと望ましい展開になってきたと受け止める傾向にある。しかし、もう始まる前から「改革疲れ」の存在を指摘する教師もいる。というのも、従来の一斉授業と比べると、授業準備や授業後の評価作業に要する時間と労力がずっと多い、という印象がつきまとうからで、果たして多忙化が進むいまの学校現場で、アクティブ・ラーニングが本当に定着できるのか疑問だ、というのである。

二〇一八年に学習指導要領が出たころは、「アクティブ・ラーニングって何？」とよく話題にも上り、本でも調べたりして盛り上がったが、いつまでたっても全体像が見えてこないことから、次第に「これまでどおりでいいんじゃないの」という雰囲気が職場に広がって沈静化していった、という声もきく。

総合学習がはじまるときと同様、校種による温度差もある。概して校種があがるほど、アクティブ・ラーニングの導入が難しいと感じる教師の割合が増えてくるのだ。

一方で、私の勤務する大学の文理学部教育学科の学生に聞いてみると、アクティブ・ラーニングの導入に賛成という意見が圧倒的に多い。とりわけ実感がこもっているのは、就職活動をやってみて、表現力やコミュニケーション力が求められる社会の実際と、これまで受けてきた授業のギャップを実感する、といった理由がある。

「個人面接で、想定していった質問が出たときなどは比較的うまく答えられるんですが、その場でテーマを与えられてグループで話し合うとなると、なんか物怖じしてしまって、自分を出せないことがよくあります。先生に向かって正解を答える、という単純な発言には慣れていても、グループで意見交換するトレーニングを日頃から受けてこなかったからだと思います。そう感じるのは僕だけではないようで、阿吽の呼吸で協力してテーマを盛り上げる、といったことができる人は本当に少ないです」といった具合である。

こうした経験がきっかけになり、卒業論文のテーマにアクティブ・ラーニングを選んだという学生が何人もいる。

研究者の側からは、梅原利夫氏（和光大学教授）が、一連の改正は「二〇〇六年の教育基本法改正を踏まえ、安倍晋三政権の教育政策を教育課程に本格的に反映させたもの」だとそのイデオロギー性に注意を向けたうえで、指導と評価を一体化させることで、かえって評価のための授業になってしまうおそれがある、と警鐘を鳴らしている（『朝日新聞』二〇一六年一一月一七日付朝刊）。

この他にも、おもに研究者の側からさまざまな危惧が出されている。たとえば、道徳の教科化にみられるような国家主義的改革とともにアクティブ・ラーニングが登場してきたこと自体に政治的な意味があるのではないか、アクティブ・ラーニングの目的が「企業社会で活躍できる人材の育成」といったような新自由主義的人材育成論に収斂されてしまうのではないか、さらには環境条件を整えず現状のままでアクティブ・ラーニングを導入することが、子どもたちの学力格差をより拡大することにつながるのではないか、などの危惧である。

3　アクティブ・ラーニング導入の国際的背景

ここまで、歴史的な経緯に焦点をあてて、アクティブ・ラーニング導入までの過程を見てきた。もう一つの大きな特徴として、グローバル化に象徴される大規模な社会変動が強調されている点がある。

二一世紀の社会は知識基盤社会であり、新しい知識・情報・技術が社会のあらゆる領域で重要性を増しているだけでなく、変化の速さが加速度的になることで、もはや予測の困難な時代に入ってきた、という認識である。ただし、そうした中でも、「二〇三〇年の日本社会」を見通した改革が模索されるべきだ、と二〇一六年の中教審答申で述べられている。

グローバル化への対応

グローバル化のインパクトということでいえば、二〇一八年版の学習指導要領が「知識・技能」「思考力・判断力・表現力」「学びに向かう力・人間性」という資質・能力の三つの柱を採用していること自体、コンピテンシーを軸とした教育改革の国際的動向と歩調を合わせたものだといえる。「コンテンツ（内容）からコンピテンシー（資質・能力）へ」、また「ティーチング（教え）からラーニング（学び）へ」のパラダイム・シフトである。

とりわけこうした能力観に大きな影響を与えているものに、ＯＥＣＤ（経済協力開発機構）のプロジェクトDeSeCo（コンピテンシーの定義と選択、一九九七―二〇〇三年）で合意された「キー・コンピテンシー」がある。その内容は、

カテゴリー1：道具を相互作用的に用いる
カテゴリー2：異質な人々からなる集団で相互に関わり合う
カテゴリー3：自律的に行動する

となっている。カテゴリー1でいう道具というのは、言語、シンボル、テキスト、知識や情報、テクノロジーなどを指している。

このDeSeCoキー・コンピテンシーについて松下佳代（二〇一〇 20-23）は、三つのカテゴリーが常に組み合わさって機能するものであることを指摘したうえで、そこでの能力が、ただ個人に所有されるものであるというだけでなく、関わり合いのなかで育まれる能力だという意味

で「関係論と所有論の交差する場所に現れる」能力だ、と規定している。

また、二一世紀に入って日本の教育の方向性に大きな影響を与えてきたものにPISA(OECDが三年に一度実施する生徒の国際学習到達度調査)があるが、これについても松下は、「PISA型学力」「PISA型読解力」などで知られるPISAリテラシーが、もともとはキー・コンピテンシーの中のカテゴリー1「道具を相互作用的に用いる」能力の一部だけを、測定可能な程度まで具体化したものであることを指摘している。

学習指導要領のベースとなった二〇一六年の中教審答申を読むと、内容として幅広い改革が提案されているというだけでなく、文章の語り口としても実現への意気込みを感じさせる高いトーンになっている。「国際性豊かな日本人の育成」という文言を使って教育の国際化に舵を切った一九七四年の中教審答申「教育・学術・文化における国際交流について」を彷彿させる語り口である。

四〇年の時を隔ててはいるが、片や「国際化のインパクト」に対応し、もう一方が「グローバル化のインパクト」に対応するというように、両者を貫くある種の連続性が感じられるということだろう。世界の流れに乗り遅れまいとする書き手側の危機感が投影されたトーンのようにも思われる。

こうした流れを見るかぎり、日本の授業がアクティブ・ラーニングの方向にシフトすることは、不可逆的なものに見えてくる。

生徒側のレディネス

ただし、国際的な流れがそうだとしても、実際に教室でアクティブ・ラーニングが成立するには、教師と生徒双方の主体的条件についても考えてみる必要がある。たとえば、生徒側のレディネス（準備）の問題である。というのも、仮に子どもたちが、アクティブ・ラーニングの意義を理解したとしても、知識注入型授業で培われてきた受け身の行動様式を主体的なものに変えるのは、そう簡単ではないからだ。

そのことを、帰国生の授業体験の具体例で考えてみよう。ここで取り上げるのは、アテネのアメリカ系インターナショナル・スクール（国際学校）に通った若林桂さんの体験である。

若林さんの体験を取り上げるのは、まだ日本では一般的になっていない「授業への参加が、クラスへの貢献につながる」というアクティブ・ラーニングのいわば理念ともいうべきものが、教室でのふるまい方の問題として浮かび上がってくる事例だからである。まずは、体験そのものを紹介しよう（渡部淳「外国で学ぶ　ＩＣＵ高校、帰国生の声から」『毎日中学生新聞』一九九〇年一月一六日付より)。

【授業に参加することの意味──若林桂さんの体験】

ギリシアは世界中から観光客を集める一大観光国。日本からもたくさんのお客がおしよせますが、長く住んでいる日本人の数はそう多くありません。若林桂さん(三年)は小学校四年から中学三年までの五年間、アテネ・インターナショナル・コミュニティ・スクール(幼〜一二年生、生徒一三〇〇人)に通いました。

若林さんによると、「ギリシア人は頑固な半面、ものごとに熱中する気質を持っている」と言います。「社会主義のパパンドレウ政権の成立するころはすごかったですよ。演説を聞きに集まった何万という群衆で大通りが埋まり、もう大騒ぎ。生徒たちでさえ〝あっちの政党がいい、いやこっちだ〟と休み時間にギリシア人同士で盛んに討論していました」。最初はただただ圧倒されてしまいました。

反米的な雰囲気が高まり、〝学校に爆弾を仕掛けた〟という電話で授業が中断する騒ぎもありました。というのも、たくさんの生徒がアメリカ軍のグリファダ基地から通う子どもだったからです。「幸い本当の爆破にはならなかったけど、避難訓練もよくやりましたよ」

この学校は〝自分をどう表現するか〟ということをとても重視します。六年生では、歴史上の出来事を三分間の劇に仕立てる勉強をしました。「マルコ・ポーロが帰国後に出会った苦難とかスコットランド女王メアリーの処刑など、自分たちで場面を選んで、シナリオや衣装づくりをするんです」。こうしてクラス四〇人が、かわるがわる主役になってドラマを上演しました。

八年生の「スピーチクラス」も多彩な内容でした。ディベート、模擬裁判、ジェスチャー・ゲーム。それに生徒が新聞記事を紹介してから、それに自分で解説とコメントをつける形式の授業もありました。〝何かモノについて調べ、五分間でスピーチをしなさい〟という授業では、若林さんも〝ボールペンの歴史と構造〟について発表しました。

もっとも苦労もありました。最初は英語ができず、ただ始終ににこしていたのです。ある日、カウンセラーに呼ばれて、「何か悩みはない？」と聞かれました。思い当たることがないので「いいえ」と答えると、今度はお父さんが学校に呼ばれ、「お嬢さんは何も話さないので、何を考えているのか分からない。家庭に問題があるのではないか」と言われました。

その話を聞いた若林さんはショックでした。「日本では〝内気な子〟と思われるだけなのに、ここではおとなしい子は〝変だ〟と言われてしまうんです」。それから意識的に自分を押し出す努力をするようになりました。

そして今は、「自分を素直に表現することも大切だし、ギリシア人の持つ明るさもとてもいいな」と思うようになったそうです。

この事例については、少し解説が必要であろう。以下は私の解釈である。若林さんは、家族の協力のもと、大変な努力を重ね、国際学校に入ってほんの一年ほどの間に、教科のテストでも高得点をとるほどに英語力を高めることができた。ただ若林さんは、授業で話されていることは理解できるが、自分はもっと英語が上手になってからクラスで発言しよう、と考えるタイプの生徒だった。日本の学校でなら「内気で手のかからない転校生」として高く評価されたはずである。

では、若林さんの父親が、なぜそのタイミングで呼び出しを受け、「家庭に問題があるのではないか」と疑われるに至ったのか、という点がポイントになる。

若林さんの学校もそうだが、現地校の「学校案内」(school profile)には、各教科の評価基準が明示されているケースが多く、その場合、「テスト」「宿題などの提出物」「授業への参加」の比重がそれぞれ三分の一を占めるのが一般的である。ここではその「参加」の意味が特に重要である。

共同学習を重視する科目では、調べたことを発表したり、自分の意見を発言したりすることは、自分の表現力を高める行為であるだけでなく、周囲の生徒をも豊かにすることにつながると考えられている（学びの互恵性）。したがって、発表したり、発言したりして授業に「参加」する行為は、それ自体がクラスに対する貢献であるとみなされる。授業への参加が、評価の三分の一の比重を占めるのはそうした理由からである。

その基準からすれば、テストで得点もでき、提出物もきちんと提出できる若林さんが、授業で一切発言しないのは、他者への貢献を嫌う利己的な行為ということになる。そうでないとすれば、彼女が、家庭内で何らかの抑圧を受け、それで発言できない状態になっている可能性がある、とカウンセラーは考えたのである。学校文化の違いともいうべきものだが、その間の経緯を理解した若林さんが、この出来事を契機として、より積極的に授業に参加することになったというエピソードである。

この若林さんのエピソードは象徴的なもので、これから多くの日本の若者が経験することになるだろう意識の変化を、いわば先取りするような経験であった。

以上のことから、アクティブ・ラーニングが成立するためには、一人ひとりの生徒が個別にその意義を理解しているだけでなく、教室の中に発表・表現することを励ますような雰囲気が醸成されていく必要があるということになる。

よく発言する生徒が〝目立ちたがり屋〟だと批判を受けるような雰囲気の中では、アクティブ・ラーニングは成立しにくいし、教師の側でもそのことを意識して、子どもたちが発言しやすい関係をつくっていく必要がある、ということだ。

それと同時に、若林さんの両親の場合がそうであったように、学校で採用される教育方法とその背景にある考え方についての家族の理解が不可欠だということをも示唆している。それは教育方法に関する社会的合意といっていいようなものだ。この点については第5章で詳述する。

まとめ――学び方改革を支えるもの

これまでの経緯を歴史的に眺めてみると、アクティブ・ラーニングの提唱はそれほど唐突なものではない。行政の施策の一貫性がどう担保されているかは別にして、国際化・グローバル化の流れに対応すべく、今日につながる動きがすでに数十年前から始まっているからだ。

同時に、学び方改革を実効性あるものにするためのハードルがいかに高く、それを越えるのがいかに困難をともなうものであるかも見えてくる。というのも、そのハードルが、歴史的な経緯、環境条件、人々の意識などさまざまな面に及んでいるからだ。

これから取り組もうとしているのは、長いあいだ教授定型になってきた知識注入型の授業スタイルといういわば大きな岩を動かす仕事であって、道具もなしにそれに立ち向かうのはいささか乱暴に過ぎる。

とりわけ、学びのプロセスをデザインし、効果的に運営できるように、教師側および生徒側の条件を整える必要がある。条件整備を怠ったまま、結果だけ求めるのは、道具(ツール)もなしに素手で大きな岩を動かせというに等しい。

その重要なツールであるアクティビティ(学習技法)こそ、アクティブ・ラーニングの導入に決定的に重要である。この習得を梃にして、教師がどう事態を変えられるのか、次章以降で考えていこう。

第2章　アクティブ・ラーニングへの移行

この章では、アクティブ・ラーニングの概念を説明するとともに、アクティブ・ラーニングに移行することで授業がどう変わるのか、そこで教師にどんな役割が期待されることになるのか考えてみよう。

具体的には、どんなツール（道具）を活用したらアクティブ・ラーニングに移行できるのか、そしてそのツールをめぐる研究がどう進んできたかなどを見ることで、移行に向けたイメージを描くことになる。

1　アクティブ・ラーニングのイメージを描く

アクティブ・ラーニングは多様な学習形態を含むもの

まずは、アクティブ・ラーニングそのもののイメージから見ていこう。アクティブ・ラーニングと聞いて、あなたはどんな活動をイメージするだろうか。発表、話し合い、リサーチワーク（調べ活動）、作品制作などいろいろな種類の活動があるなかで、おそらく多くの人が真っ先にイメージするのがディスカッション、ディベートの活動だろう。

中教審の「質的転換答申」(二〇一二年)でもそうだったが、従来この二つが双方向型の話し合い活動の典型例とされてきた。近年では、「表現力の育成」と結びつけて例示されることも多い。そんなことから、プレゼンテーションと並んで参加・表現型学習の象徴ともいえる活動がディスカッションやディベートといえる。

文科省の文書を見るかぎり、そうした話し合い活動のような特定の「型」を導入することを目指しているのではないとされてはいるものの、逆に、アクティブ・ラーニングとはこういうものだ、と明確に定義されているわけでもない。用語の曖昧さが解釈の多様性を生み、それが活発な議論につながった面もたしかにある。

ここで少し整理してみよう。学習者の能動的、主体的、自主的活動を取り入れた授業は、これまでも数多く取り組まれてきた。参加型学習、グループ学習、調べ学習などの言葉がよく知られているが、その他にも学び方学習、プロジェクト学習、協同学習、共同学習、協調学習など、さまざまな用語で表現される活動がすでにおこなわれている。私自身が提唱する「獲得型学習」もその一つで、それぞれに固有の文脈をもって生まれてきたものである。

これに対して、日本の学び方改革の文脈で登場したアクティブ・ラーニングという用語は、広く改革の方向性を指し示す言葉（「主体的・対話的で深い学び」）である。したがって、ここにあげたようなさまざまな学習活動によってアクティブ・ラーニングという言葉の内実が構成されていく、ということになる。

溝上慎一（二〇一四　10-11）は、アクティブ・ラーニングを「一方向的な知識伝達型講義を聴くという（受動的）学習を乗り越える意味での、あらゆる能動的な学習のこと。能動的な学習には、書く・話す・発表するなどの活動への関与と、そこで生じる認知プロセスの外化を伴う」と幅広く定義している。

一方、図2-1のとおり、山地弘起（二〇一四）が、四象限のモデルでアクティブ・ラーニングを整理している。この図は、アクティブ・ラーニングが活動としてどんな広がりをもっているのか、その広がりをイメージする手助けをしてくれる。

これをみると、左下の象限にあるミニテストや振り返りシート作成のような活動から、右上の象限にある学習者自身が主体的にテーマを設定して探究に取り組むプロジェクト学習のようなものまで、実に幅広い活動をアクティブ・ラーニングに含ませている。ごく簡単な学習者の参加にはじまり、いわゆる深い学びと言われるタイプの学習までを含むものである。

この多種多様な活動形態を、リサーチワーク、ディスカッション／ディベート、プレゼンテ

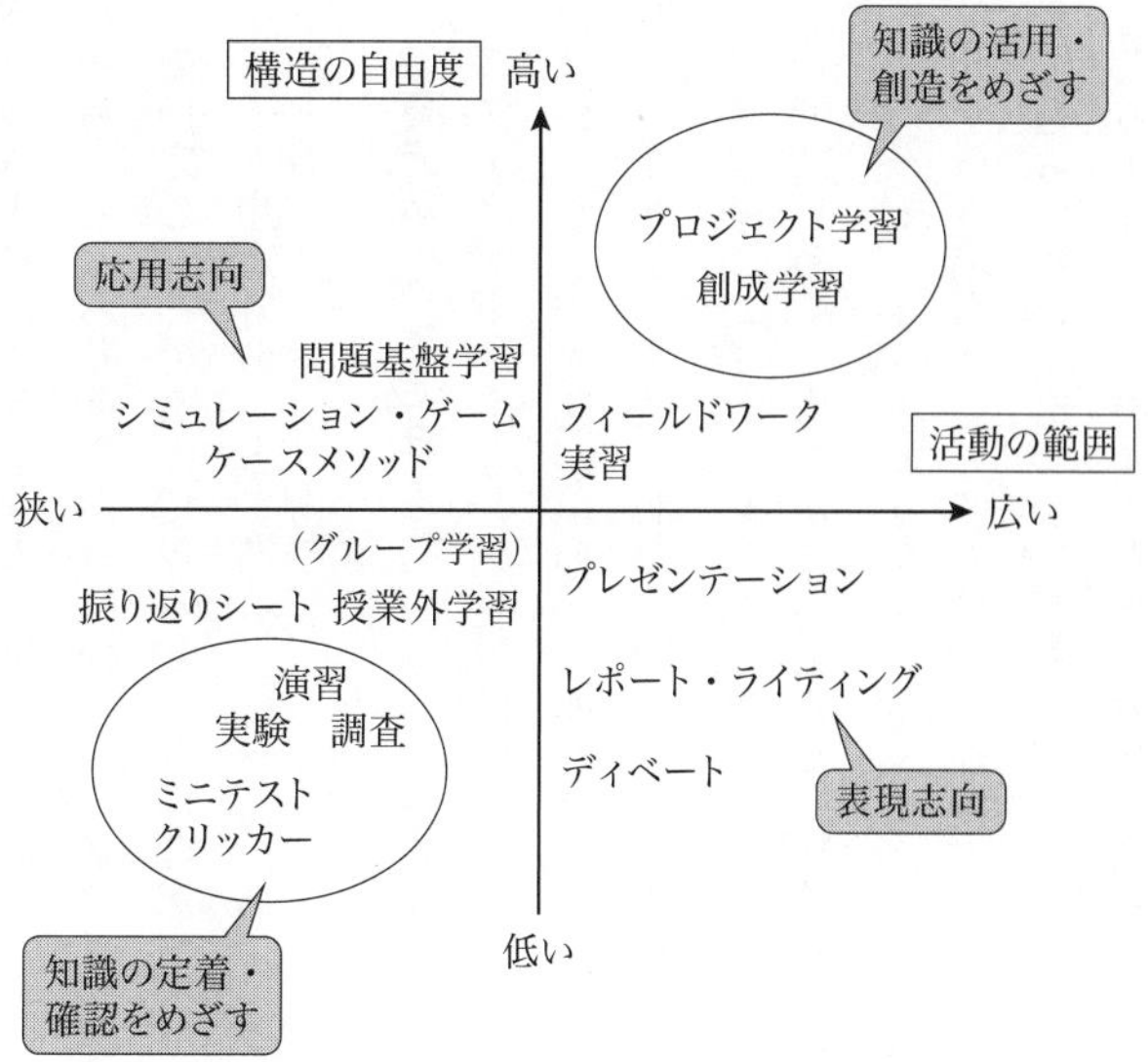

図 2-1　アクティブ・ラーニングの多様な形態(山地(2014)による)

ーション、シミュレーションなどの各種アクティビティ(学習技法)が支えることになる。

このことから、アクティブ・ラーニング時代の教師には、特定の技法の活用にとどまらず、いろいろな種類のアクティビティを使いこなすことが期待されるようになることが分かる。とはいえ、そうしたトレーニングを経験していない教師にとっては、決して簡単ではないことも容易に想像できる。

第1章でみたとおり、明治時代から今日にいたるまで、教授定型として根を下ろしてきたのは知識注入型のスタイルである。大正自由教育など、それぞれの時代にさまざまなチャレンジがあったものの、主要な教授スタイルは概ね変わらなかったから、むしろ時間をかけて注入型のスタイルを洗練させてきたのがこれまでの歴史だった、ともいえる。その文脈で見ると、多様なアクティビティの活用が求められることになるなど、そもそも想定外のことである。

教育方法の被規定性

アクティブ・ラーニングへの移行を、もう一つ別の角度から考えてみよう。教育方法の改革とはいっても、方法が単独で機能しているわけではなく、「目標―内容―方法―評価」という四つの要件が切り離しがたく関連している点がここでのポイントである。

よく「教育の方法と内容は表裏一体の関係にある」といわれる。内容とうまく組み合わさることではじめて、方法がその効果を発揮するという意味だ。

たとえば、教科書のある単元(内容)を授業で取り上げる場合で考えると分かりやすい。同じ単元を扱う場合でも、そこでどんな授業スタイル(方法)を採用するかによって、学習者に習得してもらいたい目標が違ってくる。

ある単元の授業をするとき、教科書の要点を講義で解説する〝チョーク&トーク〟のスタイルを教師が選ぶとすれば、この場合、その単元にかかわる知識の伝授をまずは課題(目標)としていることになる。一方、これとは違って、あらかじめ教科書のある単元を読んだり、関連事項について調べたりしてもらったうえで、授業時間にディスカッション/ディベートをする場合、知識の伝授というよりも生徒自身による知識の収集、さらにはその知識を活用したより深い学びの成立を目標にしていることになる。

このようにみると、「内容—方法」が密接な関係であるだけでなく、「目標—内容—方法」が切り離せない関係にあることが分かる。

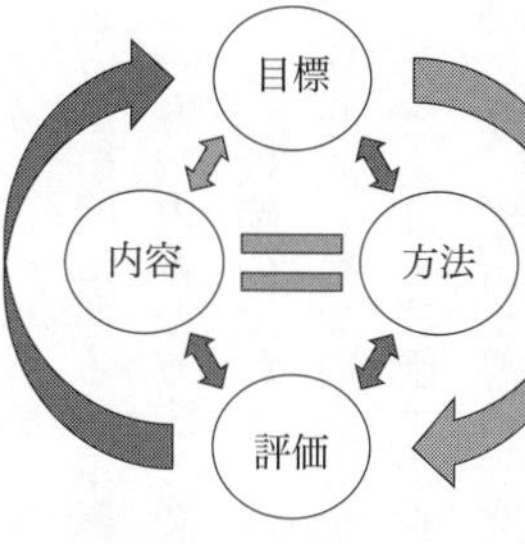

図 2-2　教授・学習のプロセス

さらに現在では、教育の「目標—内容—方法—評価」を一体的にとらえる考え方が普及してきている。

図2-2は、授業を成立させる四つの要素の関係を、イメージとして示したものである。そのプロセスだが、通常はまず教育目標を設定し、その目標の達成のために内容と方法を組み合わせた授業をデザイン・運用し、授業が一区切りをむかえた段階でその成果を評価する、という流れが想定される。この場合、図の上から下へと時間が流れている。

だが、四つの要素の関係をさらに詳しくみると、次のようなことが見えてくる。まず、内容と方法の間にある二重線は、両者が表裏一体の関係にあることを示している。

一方、内容と方法の関係以外は、すべてが両方向の矢印でつながっている。この両方向の矢印は、授業の流れというものが、先ほど例示したような、図の上から下へという一方向の流れでは必ずしもないことを示している。

たとえば「評価」に着目してみると、次のようになる。学びの励ましとしておこなわれる評価には、学習指導に先立っておこなわれる診断的評価、実際の指導の過程でおこなわれる形成的評価、指導の区切りでおこなわれる総括的評価の三種類がある。学習のあらゆる段階に評価があるということだ。このため、「評価」を起点として「内容」や「方法」に向かう上向きの矢印が生まれることになる。「目標」と「評価」の関係も同じで、あらかじめ両者を一体としてデザインし、ルーブリック(評価基準表)をつくってから授業を実施することで、上向きの矢印が生まれる。

これら四つの要素が密接な関係にあるということは、図中の何かの要素が大きく変わると、否応なく他の要素にもその影響が波及することを意味する。アクティブ・ラーニングの例でいうと、主に授業スタイルの改革に注目が集まっているのだが、方法の改革は必然的に他の三つの要素の改革にもつながっていく、そんなダイナミックな関係を形成しているのである。

したがって、学び方指導の方法を大きく変えようとするときには、それを単独で考えることはできず、他の三つの要素の改革も一緒に考える必要がある、ということになる。それだけすそ野の広い問題だということである。

2　アクティビティ(学習技法)の定着

なんらかのアクティビティ(学習技法)を活用することなしに、アクティブ・ラーニングを実践することは不可能である。では、アクティブ・ラーニングへの移行に向けて、教師はいま現在どんな学習技法を使いこなしているのだろうか。

立教大学経営学部中原淳研究室ら(二〇一八)が、高校におけるアクティブ・ラーニングの視点に立った参加型授業のアンケート調査をおこなっていて、それがこの問いについて考えるヒントになる。

中原らは、参加型授業を五つの型――探究活動型、意見発表・交換型、社会活動型、理解深化型、芸術・創作活動型――に分類してアンケート調査をしている。その結果をみると、相対的に取り組みの頻度が高いのは、以下の三つの型に関連した諸活動である。

探究活動型：グループでテーマを調べる活動、教員が生徒にテーマを与えて調べる活動、コンピュータなどの機器を用いて調べる活動など。

意見発表・交換型：生徒同士の議論や話し合い（ディスカッション）、生徒による発表（プレゼンテーション）、生徒同士で意見を出し合う活動（ブレインストーミング）など。

理解深化型：学習について客観的に振り返る活動、データの整理・分析やレポートなどのまとめの活動、教員による思考の活性化を促す説明や解説など。

この調査から、いま高校の現場でどんな活動が取り組まれているのか、おおよその広がりが推察できる。ただ、ここで見るかぎり、ディスカッション（議論）はともかくとして、ディベート（討論）の活用はそれほど進んでいないようである。

そこでここからは、ディベートの導入に焦点をあて、学習技法の定着にとって何が重要になるのか、もう少し詳しく見ていくことにしよう。

ディベートを例に取り上げることには大きく二つの理由がある。一つは、アクティビティの定着の難しさを示す典型的な事例であること、もう一つは、ここを掘り下げていくと、学校での討論教育と市民社会の連続性、さらには熟議民主主義がどうして日本で成熟しにくいのか、という点も鮮明になってくるからだ。

ディベート・ブーム

ディベートという討論スタイルが学校教育で広く認知されるようになったのは、ほぼ一九九〇年代に入ってからである。社会科、国語科などを中心に、ディベートを活用した実践が相次いで発表されるようになり、一九九〇年代の半ばにいたって、ディベート指導のマニュアル本や実践報告書が次々に刊行されるようになった。このころ生徒だった読者のなかには、はじめてのディベート体験を懐かしく記憶している方も少なくないことだろう。

当時、多くの実践者が指摘したように、生徒が高い集中力を発揮する活動がディベートである。一定のフォーマットに従い、時間を区切って討論する形式が、独特の緊張感を生み出し、論題に彼らを集中させる効果をもつからである。またジャッジが勝ち負けを判定する「結果の出るゲーム」としてのおもしろさもある。

しかし、二〇〇〇年代に入るとディベートの実践報告がしだいに減り、半ば以降には出版物の刊行もめっきり減ってしまう。ディベートと入れ替わるように、注目を集めたのがプレゼンテーションである。プレゼンテーションをタイトルに掲げる出版物が増加し、NHKのテレビ番組「スーパープレゼンテーション」が話題を集めるなど、プレゼン・ブームともいうべき状況になっていったのだ。

それかあらぬか、この一〇年ほど、私の勤務する大学の学生に小中高校時代のディベート体験を尋ねているが、毎年一〇〇人を超す学生がいる中で、ディベートを使って教科内容を学んだことがあると答える学生はほんの数えるほどである。ブームのおかげでディベートという言葉は社会に定着したが、ディベートを使った学習の方はさほど定着していないことがうかがえる。

ブームの要因

では、教育ディベートがなぜブームになったのか、学習技法としての定着がなぜ難しかったのかを考えてみよう。

まずはブームの背景だが、少し大きな文脈でみると、以下の三つの状況が浮かんでくる。

第一は、教育現場の状況である。一九九〇年代の教育現場にとって、ディベートが目新しくて新鮮な方法と映ったことがある。そのため、小学校から高校まで、それこそあらゆる学年で、一斉にディベート実践が試みられた。小学校低学年の「おやつにはリンゴとミカンのどっちがよいか」というものからはじまって「夫婦別姓は是か否か」などの社会問題まで、さまざまな論題をめぐる実践報告が書かれたのはそのためである。

第二は、当時の文部省の教育政策との関連である。いわゆる新学力観が「コミュニケーション能力」を重視していたこともあって、九〇年代に入ってから、前掲の図2-1で山地がいう表現志向の活動に対する注目が、学校現場で急速に広まることになった。

第三は、ディベートに対する社会的関心の広がりと、教育界のそれがパラレルな関係にあったことだ。時あたかもバブル経済の時期ということもあり、「国際化」の進展につれて、単なる英会話能力ではなくディベート能力を備えた人材が必要だという声が生まれてきたのである。

こうした時代の気分に後押しされる形で、学校現場にディベートが普及していった。このことは、学習技法というものが、時代のイデオロギー的様相と結びついて、さまざまに活用される可能性があることをも示唆している。

「ディベートの父」とされているのは、ギリシアの哲学者プロタゴラスである。そこから分かるように、西欧ではディベートを用いた教育が古代からの伝統になっているし、それだけ社会の運用原理としても機能してきた、ということでもある。そう考えると、「国際化」の流れとともにディベート・ブームが起こり、ほどなくしてその波が去ったこと自体、すぐれて日本的な現象だったといえる。

学習技法の定着とは

ここから、なぜ活用のハードルが高いのか考えていくのだが、その前に、現場に学習技法が定着した状態をイメージしておくことが有効だろう。ここではアメリカの事例で考えてみよう。

一九八〇年代の半ばに、小宮真理子さんという生徒がロサンゼルスの中学校で経験した授業である。この事例を取り上げる理由は、日本でディベート・ブームが起こる一〇年も前におこなわれていた授業の様子が分かること、それと同時に、授業の運営にあたる教師の側がどんな風に技法を使いこなしているのかが分かること、その二つの意味で貴重な証言だからである（渡部淳「外国で学ぶ　ICU高校、帰国生の声から」『毎日中学生新聞』一九八九年六月一三日付より）。

【古代史を討論形式で学ぶ――小宮真理子さんの体験】

「マリコってほんとに〝帰国生っぽい〟と友だちがいうの」。小宮真理子さん（三年生）は四年間過ごしたカリフォルニアのイメージそのままに、パーっと花が咲いたように明るい人です。

彼女の通ったリッチクレスト中学校はロサンゼルス郊外にあります。この学校にはホームルーム・クラスがなく、担任教師もいません。全校生徒六百人が、それぞれカウンセラーと相談してきめた時間割に従って行動するのです。連絡事項は一時間目の授業で教科の先生が伝達します。

小宮さんが忘れられないのは、この学校のESS(社会と英語が一緒になった二時間続きの授業)でやった世界史の授業です。この授業の目玉は古代史をディベート(討論ゲーム)形式で勉強すること。四〇人の生徒がギリシアとローマの二チームに分かれ〝どちらがよいか〟討論して勝ち負けを争うというものです。

先生がまず一週間かけて時代背景を説明します。「アメリカは科目数が少ないので、月曜から金曜まで毎日同じ科目をやるんです」。次の二週間は生徒同士で相談しあって勉強します。

小宮さんはギリシア・チームの一員。地理条件、政治、学問、芸術、征服地など考えられうるかぎりの内容を手分けして調べました。討論に勝つためには自分の時代だけでなく、ローマ時代の長所も短所も調査しなければなりません。そのうえで、相手の出してきそうな論点を予想し、答えも用意するのです。

「あんなに充実していたことないです。おもしろさが心の底からわきあがってくるような楽しい授業経験でした。日本では答えをだすことが勉強の中心で、問題を自分でつくりだすことはないから」

ディベートの当日は、授業を受けている生徒全員がギリシアやローマの服装で登校してきます。タンクトップのうえに白いシーツをまとった衣装、植物で編んで作った冠も欠かせません。もう〝気分はすっかりギリシア人〟です。

体育館に二チームが向かいあってすわり、先生の司会で討論が開始されます。資料を見る生徒などいません。知識は頭の中に入っているし、その時代の人になりきって討論するからです。この日のために相手の目をみて話すなど、スピーチの練習もしてきました。

討論は二時間続きで、授業のない先生たちが採点に加わります。結果はローマ・チームの勝ち。でもゲームが終わればみんなで健闘をたたえ合います。

「自分に誇りをもっていない人は尊敬されない社会がアメリカ。だから日本のことをもっとよく知って、外国人にもキチンと話せるようになりたい」と小宮さんは考えています。

小宮さんが経験したのは、教科学習の中にディベート活動を組み込んだ三週間（一五時間）のプロジェクト学習である。「おもしろさが心の底からわきあがってくる」授業と彼女が表現したとおり、生徒が主体になって学ぶことの手ごたえ（達成感）を存分に味わえる授業だったようだ。

では、この事例から教師側のどんな働きかけがうかがえるだろうか。学習技法を使いこなすという点で注目したいのは以下の三点である。

第一は、学習プロセスのデザインに関する工夫である。総計一五時間の時間配分でいうと、教師側からの情報提供（注入型の部分）と生徒主体の活動（獲得型の部分）の比率が１：２になっている。使われている学習技法でいうと、もちろんディベートがコアの活動ではあるが、ディベートだけが単独でおこなわれるのではなく、リサーチワーク、ディスカッション／ディベートなど、複数の活動を組み合わせたデザインになっている。

第二は、ディベート本番に向けた準備の工夫である。ガイダンスの中で、リサーチワークの仕方、ディベートの基礎となる効果的なスピーチの仕方などの学び方指導を折にふれて進めたことがうかがえる。また、朝からギリシアやローマの服装で登校する、担当者以外の教師をジャッジとして巻き込むといった仕掛けを用意し、生徒のモチベーションを引き出す工夫をしている。

第三は、学びの場の運営に関する工夫である。本番に向けた準備とも重なるが、ディベートの特徴である討論ゲームとしての楽しさを存分に引き出す工夫がされている。小宮さんによると、本番のディベートでは、例年ローマ・チームが勝利を収めていたそうで、みんながそうした情報を事前に共有したうえでプロジェクト学習に取り組んでいることから、生徒たちが、勝敗を超えて、ゲームとしてのディベート学習を楽しんでいることがうかがえる。

取り入れることの意義と困難

では、そもそも日本の教育現場にディベートを取り入れる意義があるのかどうか、さらにはどんな困難が定着を難しくしてきたのか、アクティブ・ラーニングとの関係に即して整理してみよう。

アクティブ・ラーニングのツールとしてのディベート（討論）の導入を考えたとき、日本の学校現場で特に重要な意義をもつのは次の四点だろう。

第一は、討論の素材となる情報を集め、それを整序して提供する力、すなわちリサーチ能力の育成である。レベルの高いディベートをするには、それだけ裏づけのある資料が用意される必要があるからだ。

第二に、資料や情報をまとめ、そこから事実に即した有効な論理を組み立てる力、すなわち論理的思考力の育成である。これはまた、肯定・否定の両方の立場から、複眼的にものを見る力や資料批判の力を含む批判的思考力にもつながっている。

第三に、言葉による表現能力の育成である。具体的にいえば、上手なスピーチの仕方や臨機応変のやり取りがそれである。もちろん、がっちりと噛み合った論争ができるためには、話す力だけでなく、相手の主張を正しく聞き取る力が必要になることはいうまでもない。

第四に、演劇的表現力の育成である。この点はあまりいわれていないことだが、ディベートは、本心にかかわりなく、仮に設定された立場で徹底的に考えるロールプレイング・ゲームとしての面を持っている。ここで発揮される表現力は自分が演じる対象を内在的にかつ共感をもって理解する力につながっている。

これら四つの資質・能力は、いずれも学習指導要領のいう「深い学び」の根幹を支えるものであり、同時に、従来の知識注入型授業では育てることが難しいものである。取り入れ方次第ではあるが、ディベート導入の意義はそれなりにある、といえるだろう。

ただし、これらの資質・能力がディベート指導でしか育てられないかというと、必ずしもそうではない。というのも、それぞれの力の育成は、たとえば論文作成やプレゼンテーションの指導目標とも共通だからだ。先述のとおり、総合学習のねらいともきわめて親和性が高い。あえていえば、これら一連の能力の獲得を、ゲームのかたちで総合的に追求できる点が、ディベート活動の大きなメリットである。

ただし、取り入れる意義が分かったとしても、現場に定着させるのはそう簡単ではない。どんな困難があったのだろうか。そもそも事柄に即して議論することに私たちがまだ慣れていないこと、さらには対立点を明確にして議論をすること自体を忌避する風潮があることなど、日本の討論文化に大きく影響されている面があるからだ。

実践の頻度を高めようにも十分な時間が確保できない、という問題もある。ディベートをうまく活用するには、教師・生徒がまずゲームのルールに慣れることが先決になる。そのため、限られた時間で実践するとなると、どうしても討論技術や話し方指導の段階にとどまりがちになる。その結果、フォーマットをなぞるだけで精一杯、一つの論題を探究的に深めるまでにはいたらなかった、というのが実態である。

ディベート(討論)を経験したと答えた学生たちの中に、やったという記憶はあるが、どんな論題で何を学んだか覚えていない、という声があるのもそうした事情である。

日本の討論文化がバリアになっている、という点をもう少しくわしく見てみよう。私たちのなかに、「意見」と「意見を発する人の人格」を分けて考える、という発想をもちにくい傾向がある。人柄と事柄の区別が曖昧なのである。だから合理的な結論を求めてみんなの意見をすり合わせていくディスカッション（議論）の場合でも、しばしば事柄そのものが正しいか正しくないかということや、話す内容が論理的であるかどうかという点から離れてしまい、「誰がその意見を言ったか」ということの方が意識にのぼりがちである。

生徒同士のディスカッションも同じで、議論の旗色が悪くなると自分の人格まで否定された気分になる、と感じる生徒も少なくない。こうした事情が影を落として、「ディベートはぎすぎすしたゲームだ」とか「討論した後にしこりが残る」という印象につながっている。ゲームとしてのディベートに慣れているかどうかという以前に、そもそも対立点を明確にすること自体を恐れてしまうのである。

「グッド・ルーザー」という言葉がある。潔く負けを認め、勝者の健闘を称える勇気をもつ者のことだ。ともすれば教師たちも、勝負にこだわるあまり、どうしたら勝てるかということだけを教えがちで、負けた場合にどうふるまうかについては触れない傾向がある。しかし、負け方を知り事実を受け入れることは、あらゆるゲームの作法であり、要諦の一つである。ディベートがゲームであるからこそ、こうした態度を学ぶのにふさわしいともいえる。

以上のことから、学習技法の定着に向けて、相当に手ごわいバリアがあることが分かる。それが決して子どもだけの問題ではないことも分かる。私たちの行動様式や言語文化、さらには市民社会のあり方の問題にまでつながっているからだ。逆にいえば、そうした大きな課題を自覚したときから、ゆっくり時間をかけて対応していくしかない、ということだろう。この点については、最後の第5章でもう一度見ていくことにする。

活用にあたっての配慮

ディベート技法の導入をめぐる経緯から、たった一つの学習技法であっても、定着までにいくつもの条件をクリアする必要があることを見てきた。さまざまな学習技法を活用しようとする際に、教師の側に求められる配慮も見えてくる。これについては、さしあたり以下の二点が考えられる。

第一は、柔軟な発想で技法を活用することだ。ディベート教育でいえば、狭義のディベートだけを何か特別なものであるかのように考えるのではなく、あくまでもプレゼンテーション、ディスカッション、パフォーマンスなどと同じ技法の一つとして活用するのだ。

アメリカで、高校生／大学生向けのテキストが多数出版されているが、その内容構成を比べてみると、ディベートに特化したもの、スピーチとディベートを主としたもの、さらにはグループ・ディスカッション、模擬議会、ドラマなどのような広いコミュニケーション分野の一部にディベートを組み込んだものなどさまざまである。

「ディベートによって学問的真理が発見されたためしはない」（J・ロック）という言葉を待つまでもなく、討論ゲームとしてのディベートは、もとより真理を確定する場ではない。むしろ、さまざまな視点から物事を相対化してみる（複眼で見る）というディベート的発想の特徴を活かす方法を探るのである。

たとえば、セルフ・ディベートの要領で、生徒に賛成・反対の両方の論点を入れたエッセー（論文）を書いてもらうことなどがそれである。ディベートの基本さえマスターしていれば、レクチャーの途中から、即興で、インフォーマル・ディベートに移ることもできる。

私も一九八〇年代から、高校、大学のいろいろな科目でディベート実践を続けている。活用のバリエーションを増やすということでいえば、「倫理」（私が公民科教諭として在籍していたICU高校二年生の必修クラス）でおこなった工夫が、あるいは参考になるかもしれない。

八人一チーム（四〇人学級＝一クラス五チーム）で、「脳死と臓器移植」「いじめ」などをテーマとしたプレゼンテーションをし、この問題提起を受けてクラス全員がディスカッション／ディベートに取り組む。そして最後に、個々人が自分なりの文章にして提出する、という流れの授業だ。

話し合いの形態をテーマにあわせて各グループに選択してもらう、そこがポイントである。選択肢は、①フォーマル・ディベート、②フリー・ディスカッション、③バズ・セッション(小グループでの意見交流から全員の話し合いに移行する)、④ディスカッション／ディベートの複合タイプ(まずディベートをしてから、今度は同じテーマでディスカッションする)の四つだ。

この経験から、あくまでも話し合い技法の一つとしてディベートを活用することで、その特徴も生かせるし、取り組みのハードルも低くなる、と考えている。

第二は、それぞれの技法がもつ限界も視野に入れることだ。この世に万能の技法というものはない。たとえば「制約された時間での討論が、集中力や緊張感を生み、臨機応変のやり取りを鍛える」というディベートの特性も、これを逆から見れば「事柄そのものを単純化してとらえ、勝ち負けが優先する場当たり的な討論に流れやすい」ということになる。

このような技法としての限界を視野に収め、それも含めて使いこなしてこそ、最大限の効果を引き出すことができる。アクティビティを使いこなすということは、そうした創意工夫にみちた取り組みである。専門家としての教師のやりがいもそこにある、といえよう。アクティブ・ラーニングの提唱を機に、ブームのときとは違う冷静な視点で、ディベート活動の可能性を引き出す動きがあってもよいのではないか。

3　学び方改革の土壌を耕す

では、学習ツールとしてのアクティビティの研究はどこまで進んでいて、その成果は現場でどう共有されているのだろうか。残念ながら、これまでの日本では、アクティブ・ラーニングを成立させるアクティビティを体系的に習得する機会に恵まれた教師はきわめて少なかった。

二つのミッション

その理由の一つが、第1章で述べた東アジア型の教育システムにある。日本の教育界が長く知識注入型授業を教授定型としてきたことから、アクティブ・ラーニングの前提となるアクティビティ研究の蓄積が乏しかったうえに、その必要性も十分には自覚されてこなかった。方法研究の土壌が深く耕されておらず、土壌の厚みも十分とはいえない状況にあった、ということだ。

教育内容の三割削減が問題になったときに、二〇〇二年版の「中学社会」の執筆者の一人として教科書検定を経験したが、そこで、教育内容に対する文科省の統制の強さと教育方法についての指示の淡白さのコントラストに驚いたことがある。また、徐々に変わってきたとはいえ、研究の世界でも、技法の大切さを強調すると、いまだに「それは技術主義である」という類の反発に出くわすことがある。一方教育現場で、ディベート・ブームがそうだったように、海外から紹介された一つの技法をあたかも万能薬のようにもてはやす風潮がある。

ばらばらな現象に見えても、これらが実は同じ根から生じたもので、いずれも方法研究の土壌が十分に耕されてこなかったことの反映だ、と考えるようになった。

では、どのような対応が可能なのか。そこで私が考えたのは、日本の教育風土にあったアクティビティを選んで体系化することと、それらのアクティビティを使いこなせる教師を育てることがぜひとも必要だ、ということである。

その課題の達成を目指して、一つの研究グループをつくることにした。それが小学校から大学までの教員、NPOのメンバーなどで構成する「獲得型教育研究会」(略称：獲得研、二〇〇六年創設、会員五〇名)である。

「学習ツールとしてのアクティビティの体系化」と、アクティビティを使いこなす「教師研修プログラムの開発」という二つのミッションは、いわば理論研究と応用研究に対応したものだが、その両方に並行して取り組もうというのだ。

活動の中心は、校種や専門領域をこえて活用できるアクティビティ・ブックの刊行と、開発したアクティビティの普及と教師研修のために全国各地でおこなう公開授業・ワークショップだ。

二つのミッションを同時並行で達成するには、広大な大地に鍬をふり下ろすような地道な作業が求められる。しかし、気の遠くなるような作業を繰り返していけば、やがては新しい市民の共通教養の中核に参加型アクティビティの習得が据えられる時代が来るのではないか、そう考えたのである。

獲得研では、二〇〇九年に、学習技法を五つの範疇(カテゴリー)――リサーチワーク、プレゼンテーション、ディスカッション／ディベート、ドラマワーク、ウォーミングアップ――に分類する学習モデルを発表している。その獲得型学習モデルについては、第4章で詳しく紹介する。

思想が技法を選ばせる

アクティブ・ラーニングへの移行を目指すには、学習技法をめぐるあれこれの問題を避けては通れない。それというのも、教育実践を考える場合、教育方法の意義を一般化して論じるだけではすまず、どうやって教育内容を実体化できるのか、ということが常に問われるからだ。

このことと関連して、劇作家の井上ひさしが以下のような興味深い指摘をしている。書評「野田秀樹の三大技法――『野獣降臨』」(井上 二〇〇五 55-57)の中でのことだ。それによると、よく識者と呼ばれる人たちが、技法ということを口にする輩は思想がないと決めつけようとする。しかし、そういう識者の態度こそ、演劇を侮辱するものである。彼らは〈作家の思想が技法を選ばせる〉という切実な事実を知らないのだ。

作家は、「自分の心の中で暴れまわっている言葉にできない何か」を表現可能なものにするために、技法という回路を通じてそれを自分の外に採りだす。したがって、技法こそ作家の思想の結晶である。野田秀樹についていえば、日本の伝統的な技法である「見立て」「吹き寄せ」「名乗り」を新しい感覚で見事に使いこなしているのだ、と論じている。

もちろん作家の仕事と教師の仕事を同一に論じることはできない。しかし、この井上の指摘は、教育における内容と方法の関係を考えるうえでも示唆的である。先に「技術主義である」

という批判があることを紹介したが、ある教育実践について語ろうとする場合、教師が用いている技法に触れないでいることの方がむしろ不自然であり、逆に、技法に無頓着な人の実践論議がただのお題目に陥りがちであることもまた事実なのだ。

これを敷衍していえば、教師の側でも、ただやみくもにアクティビティを使えばよい、というものではない。なぜそのアクティビティを使うのか、使うことの意味についても自覚的であることが必要だ、ということになる。というのも、どんな手法(method)によってアクティブ・ラーニングをデザインするかで、技法(activity)の組み合わせ方も自ずと変わってくるからだ。

したがって、アクティビティの活用に自覚的であることは、自分自身をどんな方法論や思想をもつ「専門家＝教師」に育てていくのか、という問題にも直結している。手法と技法の関係については第4章で改めて考えてみる。

アクティビティの概念

先述のとおり、アクティブ・ラーニングの活動は、調べ活動、話し合い活動、発表活動、作品づくりなどさまざまだが、必ずなんらかの学習技法が介在して成り立っている。そのため、これまで国内外で膨大な技法が蓄積されてきたが、その数はいまも増え続けている。

では日本で、学習ツールとしてのアクティビティが「学習活動」と結びつけて概念化されるようになったのはいつごろだろうか。そんなに古い話ではない。せいぜい一九八〇年代後半からである。

きっかけとなったのが「ワールド・スタディーズ」「グローバル・エデュケーション」「開発教育」「多文化教育」に代表される新しい教育潮流の流入だった。とりわけこれらの分野で扱われるグローバル・イシューズ(環境、開発、人権、平和など地球規模の課題)が、アクティビティを活用するワークショップ型の学び(参加者の主体的活動で成り立つプロセス重視の学習)に適合的だったという事情が大きい。

この時期に紹介された「活動事例(activity)」の特徴は、取り扱う教育内容とそれを学ぶ技法が、それぞれ一つのパッケージになっていたことである。

たとえば、パイク&セルビー(一九九三)が人権について学ぶ二七の活動事例を紹介しているが、これがそのまま人権教育のカリキュラムにもなるという構造だ。学習者は、子どもの権利、平等、公正など二〇項目あるキー・コンセプトを、それに対応するゲーム、ロールプレイ、シミュレーションなどのアクティビティをとおして体験的に学ぶことになる。それぞれの活動事例がどのキー・コンセプトに対応しているかは、あらかじめマトリックスの形で明示されている。

一九九〇年代の半ば以降になると、アクティビティの概念はより広く、以下の三つのレベルで使われるようになった。一つ目は「学習者が主体となって取り組む、ゲーム、ロールプレイ、シミュレーション、プレゼンテーションなど諸活動の総称」を指す広義の用法、二つ目は「ディベートのアクティビティ」「ドラマワークのアクティビティ」のように、そのなかにさまざまな技法を含む範疇（カテゴリー）レベルの用法、そして三つ目は「即興スピーチ」「バズ・セッション」などのような個々の技法レベルの用法である。

アクティビティ研究

アクティビティ研究のすそ野も徐々に広がっていった。この分野で成果が出版されるようになるのは主に一九九〇年代以降だが、現在のアクティビティ研究は、技法研究、歴史研究、目標研究、活用法研究、環境条件の研究にまたがるものになっている。

技法の研究ということでいえば、第4章で詳しく見るとおり、リサーチワーク、プレゼンテーション、ディスカッション／ディベート、ドラマワークの四つ、あるいはウォーミングアップを加えた五つの範疇を軸に、さまざまな研究と実践が展開されてきた。

ディスカッション／ディベートの範疇を例にとると、先行研究として「バズ学習」の研究がある。これは、一九四〇年代後半にアメリカで誕生したバズ・セッションが日本に紹介され、教育現場に適合的なスタイルへの模索を生みだした先駆的なケースである。

杉江修治（一九九九）によれば、バズ学習は、一九六〇年代に塩田芳久らによって確立されたもので、学習集団づくり、学級集団づくりと親和性の高い独自の学習指導論として展開・普及していった。一九八〇年には「全国バズ学習研究会」が設立され、やがて「全国協同学習研究会」（二〇〇三年〜）に名称変更してジグソー法などの研究に幅を広げていった。

アクティビティの五つの範疇すべてにかかわる実践が多様に展開されていくのは、「総合的な学習の時間」が本格実施された二〇〇〇年代以降のことである。

その中から創意的な実践がたくさん登場したが、アクティブ・ラーニングという視点でみた場合、二〇〇〇年代になって特に注目を集めるようになったのが演劇的活動（ドラマワーク、ドラマ活動）である。演劇的活動と聞くと学芸会などの劇上演（シアター）をイメージする人が多いだろうが、それよりもずっと広い意味を持つ学習方法を指している。

第3章以降で具体的に見ていくが、ドラマワークというのは、学習者がある役柄に「なって」考えたり演じたりすることを通して、実感と身体性をともなって学ぶ活動のことだ。学習対象をただ知識として学ぶだけでなく、全身を使ってより深く学ぶ活動でもある。

　フィクションの世界とリアルな世界を往還しながら学ぶ活動として、以前からロールプレイが知られているが、現在は他にもさまざまな技法が使われるようになっている。

　近年注目されているもう一つの流れが、ワークショップ研究である。演出家の佐藤信(二〇一一　6-16)は、演劇教育の視点から、移入後四〇年近くの時を経たワークショップ(またはワークショップ型授業)が総合的な振り返りの時期にさしかかったという認識に立ち、新たな研究方法の確立が必要であるとしている。とりわけ、ワークショップの記録文書が少ないことを指摘したうえで、実践者が「わたし」自身の経験を「生態学的」(エドワード・S・リード)情報として、生き生きとした主観性をもって記述した記録を、「選択」の連鎖によって紡がれた一つの「物語」として、また執筆者のライフストーリーとして、対話型の集団研究をとおして解き明かす研究方法を採用することを提案している。

　苅宿俊文、佐伯胖ら(二〇一二　17-20)も、ワークショップの再定義を試みている。ワークショップを「参加・体験型のグループ学習」(中野民夫)とするこれまでの定義に対して、佐伯が、学習方法としてのワークショップは、デューイ的アプローチでみると「コミュニティ形成(仲間づくり)のための他者理解と合意形成のエクササイズ」だとしている。そのうえで、ワークショップが、知識は「与えられ」得るものだというような思い込み（身体技法）を改めて問い直し、組みかえる「まなびほぐし」（アンラーン＝unlearn）の場になっていくことを求めている。

まとめ

知識の詰め込みが中心となる授業から、学習者が主体となる学びに向けて比重を転換していくことが世界的潮流だが、教育現場を取り巻く状況を見るかぎり、種々の学習技法を駆使するアクティブ・ラーニングへの移行が、日本でスムーズに進む可能性の方がむしろ低いように感じられる。

そうではあっても、移行に向けた試みもまた営々と続けられている。次章では、その具体的な取り組みの様子を見てみよう。

第3章　学びを全身化、共同化する
アクティブ・ラーニングの実践

アクティブ・ラーニングによる学び方改革の帰趨を決めるのは教師の(自己)研修である。第2章で、アクティビティ(学習技法)の定着を阻むハードルにふれたが、この章では一歩進めて、どうすれば教師たちがアクティビティを使いこなせるようになるのか、実際の授業の例に沿って探ってみよう。

ここでは、学びの全身化、共同化という獲得型授業のコンセプトに沿った事例を選んで取り上げることにしたい。実践の時期、規模、校種はいろいろだが、ドラマ技法を組み込んだ実践だという点が共通している。

最初に紹介する授業「銃で撃たれた日本人高校生」は、私が主宰する獲得型教育研究会のアクティビティ研究が本格化する二〇〇六年以前のもの、続く三つは研究が進展して以降のものということになる。時間軸に沿って実践を並べたのは、こうした背景が取り組みの内容におのずと反映しているからである。

事例１　銃で撃たれた日本人高校生（ロールプレイ）

最初に初海茂さん（八王子市立松木中学校）の二〇〇四年の実践を取り上げる。一九九二年一〇月一七日にアメリカで起きた日本人留学生・服部剛丈《はっとりよしひろ》くん射殺事件を素材にした授業である（渡部淳編〔二〇〇五〕に収録）。

この実践の特徴は、ごく普通の中学校の英語科教師だった初海さんが、総合学習の教材開発をきっかけとして、アクティビティの活用を模索していったことにある。そのプロセスは、これからアクティブ・ラーニングに取り組むことになる日本の教師たちの歩みを予見している、といえるだろう。

実践のねらいと準備

初海さんは教材のリード部分で、ねらいをこう書いている。

「アメリカは、日本と対照的な『銃社会』であり、『犯罪多発社会』である。この現実に巻き込まれ、犠牲になった日本人高校生をとおしてアメリカの『影』の部分にふれてみよう。」

初海さんは、服部くんが撃たれたルイジアナ州のバトンルージュを訪問し、裁判の支援に関わった賀茂美則氏から数々の貴重な示唆を受けただけでなく、服部家からの理解も得て教材開発にあたった。

悲劇の概要

以下は、初海さんが教材に載せた服部くん事件のあらましである。

一九九二年一〇月一七日午後八時半ごろのことだった。アメリカ、ルイジアナ州のバトンルージュ市に留学生として滞在していた愛知県出身の服部剛丈くん(一六歳)は、ホストファミリーの息子であるウェブくんとともに車でハロウィーンパーティに向かっていた。

二人は道に迷い、似た番地のある家に着いた。玄関にはハロウィーンの飾りがあり、この家に違いないと思った二人は車を降りて玄関ベルを鳴らした。

だれも出てこないので横にあるカーポートのドアに移動すると、その家の主婦がドアから顔を出し、驚いたようにドアをバタンと閉めた(この主婦が夫に「あなた、すぐ銃を持ってきて！ 子どもたちは寝室に隠れるのよ！」と家の中で叫んだことを二人はまったく知らなかった)。

二人が家を間違えたと思い歩道まで戻ると、さきほどの家のカーポートのドアが開き、中から男性（ロドニー・ピアーズ氏）が現われた。

「ほら、やっぱりこの家でよかったんだ」、剛丈くんはそう言って「僕たちはパーティにやって来ました」と、ニコニコしながらその男性に近づいていった。

しかしウェブくんにはその男性の手に大きな拳銃があるのが見えた。

「ヨシ、戻って来い！」ウェブくんが叫んでも剛丈くんは戻らなかった。

男性は剛丈くんに「FREEZE！」（止まれ！）と叫んだ。しかし、なお近寄ってくる剛丈くんに男性の銃が火を噴いた。あっという間の出来事だった。弾丸（四四口径マグナム）は胸を貫通し、剛丈くんはその場に倒れこんだ。そして出血多量のため、運ばれていく救急車の中で息をひきとった。

事件後、ピアーズ氏は傷害致死罪（計画性のない殺人罪）で起訴され、刑事裁判が開始された。一二人の陪審員による裁判が開かれ、その結果は全員一致の無罪判決であった。

一方、剛丈くんの両親が現地で起こした民事裁判では、裁判長はピアーズ氏に対し、剛丈くんの両親に損害賠償金の支払いを命ずる判決を下した。判決は剛丈くんの様子に身の危険を感じたという被告の言い分を退け、被告の行為は銃の使用には特別の注意が必要だと定めた州の法律に違反していると判定した。また、ピアーズ氏に近づいていった剛丈くんには落ち度がないと判定したのだった。

実践の条件

教材の初稿が書きあがった段階で、初海さんの勤務校である八王子市立松木中学校で、二〇〇四年の二月に最初の試行授業がおこなわれた。学校は八王子市の郊外にあり、周りはいわゆる多摩ニュータウンである。創立一〇年になる落ち着いた雰囲気の学校だ。

二年生の男女一八人を対象にした五〇分の「選択英語」の時間を使った授業で、ふだん初海さんが受けもっている生徒たちである。私を含めてゲストが数人見学している。

試行授業の場面――ロールプレイの導入

四校時の授業は、プリントを使って事件の概要を読み上げるところからはじまった。アメリカでは年間およそ三万人が銃で亡くなっている(自殺・事故を含む)などの基本情報も説明され、高い集中力を保ったまま授業が進んでいく。

山場にさしかかると、「みなさんに、この事件を再現して皆の前で演じてもらいたいと思います。登場人物は四人。セリフも動きもとても簡単です」と言って、初海さんが黒板にフリップを貼った。大判画用紙にこう書いてある(囲み参照)。

① ピアーズ夫人(驚いて)
「あなた，すぐ銃を持ってきて！　子どもたちは寝室に隠れるのよ！」
② 服部くん(ニコニコしながら元気よくピアーズ氏に向かって歩く)
「僕たちはパーティにやって来ました」
③ ピアーズ氏(銃を構えて)
「フリーズ！(止まれ！)」
④ ウェブくん(あわてて)
「ヨシ，戻って来い！」

プリントを読むだけでは分からないことを、ロールプレイをとおして発見することにねらいがあると強調したうえで、事件の重みを感じながら演じてほしい、と注文もつけた。

見学にきた英語科の同僚二人も助っ人として加わり、五つのチームができた。最初は戸惑う様子を見せた生徒たちだが、ともかくも教室の思い思いの場所に分かれて、相談をはじめた。配役を決め、リハーサルをする。初海さんが巡回しながら、その様子を観察している。頃合いをみて「それでははじめましょう」と声をかけた。

順番に黒板の前で演じるのだが、やってみると、初海さんが思い描いたような展開にはならなかった。何しろいつもの授業とは雰囲気が違う。クラスの生徒だけでなく、見知らぬゲストが見守るなかで演じるのである。声が小さく、動きもぎこちない。

最初のチームは、セリフと動作のタイミングが合わず、ピアーズ氏役の生徒が「フリーズ！」を言う前に、服部くんがピアーズ氏の前に到達してしまった。照れ隠しだろう、小道具の銃でバン、バンと複数回撃ってしまうチームも出た。なんとか軌道修正しようと焦る初海さんの様子が、手に取るように伝わってくる。

しかし、発表を終えて振り返りの時間になると、再び生き生きとした授業が戻ってきた。なぜピアーズ夫人が過剰な反応をしたのかについて、生徒なりに想像をめぐらし、地域の治安に問題があったのではないか、子連れ同士の再婚家庭だから、元の家族と子どもの親権をめぐるトラブルを抱えていたのではないか、などの意見が次々出てくる。

まとめの感想でも、英語がもっと分かっていれば、こんなことにはならなかったのではないか、アメリカの銃社会のこわさを感じた、などさまざまな意見が語られた。その分参観者には、ロールプレイの場面が授業の流れから浮いている印象を残すことになった。

演ずることの目的は、ある人物の立場を、その人に「なって」考えたり感じたりすることにある。授業後の懇談会で参観者から、あえて演じてみせる必要はない、まずは各自の役柄を味わう形にしたほうがよかったのではないか、という意見が出た。

授業の進化――フリーズ・フレームの活用

試行授業をへて教材のブラッシュアップに取り組み、ようやく教材が完成した。初海さんは、沖縄県立嘉手納高校、東京の私立明星高校、県立秋田明徳館高校などで、五回の公開授業に挑戦した。

このなかで、授業の進め方も大幅に見直していく。ポイントは、生徒側のレディネス（準備状況）に注目したことだ。発表になれていない生徒にとって、いきなり人前で演じるのは荷が重い。セリフをなぞるだけの演技になりがちである。

そこで二〇〇四年一〇月の嘉手納高校の授業（二年生四〇名）では、ロールプレイを二段階で活用することにした。

まず四〇人の生徒が、四人グループになり、教室のあちこちで一斉にロールプレイをした後で、ボランティア・チームを募り、そのチームだけに再度黒板の前でやってもらう方式だ。初海さんの呼びかけに応えて、二つのチームが手を挙げた。

演技の最後の場面は「フリーズ・フレーム」（静止画）で終えてもらうことにした。あたかも一枚の絵の中の人物になったかのように、みんなが思い思いのポーズをとったまま一斉に立ち止まる。

グループの四人が、ポーズをとって固まっていると、初海さんがピアーズ夫人役の生徒のところに近づいて、「どうしていきなりあんな反応をしたんですか」と質問した。すると生徒が「治安が悪くて不安だったのに、知らない人間がいきなり現れて怖かったんです」と答えた。またピアーズ氏役の生徒は、「『フリーズ！』と叫んだのに、どんどん近づいてくるので、怖くなって撃ってしまいました」と答える。こうした質問を順番に繰り返していく。もちろん生徒それぞれが役に「なって」考えるから、答え方もまちまちになる。

ポーズをとって固まるフリーズ・フレームの技法と、その人物たちにスポットライトをあてて感想を聞く「思考の軌跡」(ソート・トラッキング)を組み合わせて活用したのだ。

「演技をやってから味わう」ことは大事だが、その前にまず「なって」みる必要がある。初回のような発表ありきでは、たんに動きの強制になりかねない。だから、同じドラマ技法を導入する場合であっても、生徒の慣れや、教室の環境条件に応じて、技法を選んでいくことが必要だ、と初海さんが判断した結果こうなった。ともあれ「生徒のノリが良くて、とても助けられた」と初海さんは感じている。

ホット・シーティング(質問コーナー)の導入

初海さんが最終的に取り入れたのが、「ホット・シーティング」(質問コーナー)の技法だった。

四人の関係者の役を、それぞれの生徒が分担することは同じである。違いは、服部くん、ウエブくん、ピアーズ夫妻の四人が、それぞれの役柄のまま、記者会見のときのように、他の三人のメンバーから質問を受けることだ。これを順番に繰り返すことによって、それぞれの人物の立場になって、その内面をより深く見つめなおす機会が得られることになる。

教室のあちこちで、四人チームが記者会見をひらいている様子を想像すると分かりやすい。二〇〇五年一〇月の明星高校の公開授業（一年生四〇名）では、それぞれのチームが同時進行で一斉に質疑を交わしている。大きな動作がない分、静かで落ち着いた雰囲気の授業になった。

この授業の振り返りでは、生徒たちから、「誰が悪いわけではなく、一番はアメリカにたくさんの銃があることが原因だと思う」「日本なら絶対禁止の銃の保持がなぜ許されるんだろう」「人種問題も事件の裏側にあるような気がする」など、アメリカの現実にかなり切り込んだ意見が出てきた。

初海実践の分析

ドラマ技法を取り入れる際に、①役柄に「なって」みる、②役柄になって「動いて」みる、③役柄になって演じて「見せる」、という三つのハードルがある。生徒の立場から見ると、①

から順番に表現のハードルが高くなっていく。初海さんの授業の進化は、このハードルを③から①の方向に一段ずつ下げていったものだ、ということになる。

先述のとおり、初海さんの経験は、これから日本の教師たちが経験するアクティビティ習得の道筋を、先導的におこなったものである。

そこからいえることは、教師たちが、新しいアクティビティの導入に積極的に挑戦するチャンスが与えられるべきだ、ということである。初海さんのケースは、ドラマワークのテキストがほとんど出版されていなかった当時、自分でドラマワークについて学び、徐々に技法のストックを増やしていったケースである。こうした試行錯誤のできる場が、教師の成長にとっていかに得難いものか、それを如実に物語る例といえよう。

このプロセスで大きかったのは、初海さんが、柔軟な発想で学習技法を取り入れ続けたことである。もし彼が、自分の方法を改善する勇気をもたず、最初に入れたロールプレイに固執していたとしたら、おそらく「活動主義」と呼ばれるような型にはまった授業を続けることになっただろう。

初海さんの公開授業は、中身はもちろん進め方も、生徒がふだん受けている授業とはかなり違っている。そのため、各地を巡回するなかで授業スタイルに関わるコメントが数多く出てきたが、概してアクティブ・ラーニングの経験を肯定的にとらえたものが多いのが特徴である。

とりわけ目立つのが、グループワークとドラマワークについてのコメントである。グループワークの代表例に、「小グループでの話し合いが多かったので、気軽に話せた」「同じグループの人が、自分が全然考えなかったことを話してくれて、『ああ、そうか』と納得できることが多かった」「(話し合いながら学んでいくことで)アメリカでの生活がすこしリアルに感じられた。明るい面と暗い面、いろいろあるのがアメリカなんだなと思った」などがある。

ドラマワークについては、「みんなの前で演技するのが恥ずかしくて、早く終わってくれないかなあと思った」というものもあったが、「(登場人物になってみたことで)どうしてそういう行動をとったのか分かるような気がした」「それまで考えなかった疑問がたくさん湧いてきた」など肯定的なコメントが多くを占めた。

事例2　みんなで「最後の晩餐」になろう(フリーズ・フレーム)

次に、美術教師、中原道高さん(東京都立広尾高校)の、二〇〇九年の実践を見てみよう(渡部淳＋獲得型教育研究会編(二〇一〇)に収録)。

ここで取り上げる理由は、ドラマ技法を活用して美術鑑賞をおこなうという、当時としてはきわめて斬新な発想で取り組まれた実践だからである。以下は、中原さんの文章を、本章のフォーマットに合わせて整理したものだ。

実践のねらいと条件、準備

絵画に描かれた人物に「なって」シーンをつくってみると、人物相互の関係や個人の心情を驚くほど深く理解することができる。そこでレオナルド・ダ・ヴィンチの「最後の晩餐」(サンタ・マリア・デッレ・グラツィエ修道院、ミラノ、写真参照)を素材にして、フリーズ・フレーム(静止画)をつくってみることにした。

高校一年生二五人の授業である。今回は約二〇分で実施したが、話し合いの時間をたっぷりとれば、このまま一時間の授業にもなる。

あらかじめ、「最後の晩餐」の写真をプリントし、手や顔の表情などディテールが分かるパワーポイントの資料も準備した。

実践の場面

「今日はみんなで有名な絵になってみようと思います。資料を配ります」
「これ知ってるヨ。『最後の晩餐』でしょ」
「ダ・ヴィンチの絵だよね」
さすがに世界一有名な絵。ほとんどの生徒が知っている。この絵はキリストを中心に、左右に三人グループが二組ずつ配置され、計一三人で構成されている。
●活動1　グループづくり
教室の真ん中の通路をはさんで、向かい合わせに長いテーブルを二つ並べる。生徒はそこにすしづめ状態で座る。まず三人一組のグループでどの登場人物を担当するか決める。資料写真にはひとりずつ番号と略歴を書いておいた。「3番だから俺はマタイ」「私はトマス」と順番とキャラクター名の把握と確認が簡単にできるようになっている。
●活動2　画面からセリフを考える

「自分の担当する人物は、この『最後の晩餐』の絵の中で、いったい何と言っているように見えますか。吹き出しの右半分に、思いついたセリフを書き出してください。時間があれば、会話している隣の人たちのセリフも考えてみよう」

1：俺の料理はどれだ

6：もうひとつくれよ

8：ネエネエ……

7：シーッ、声が大きいわよ

みんなは結構にぎやかな夕食のひとときを思い浮かべたようだ。

●活動3　ここでキリストの重要なセリフが登場

「この絵の中心にいるキリストの教えに従い、集まった一二人の使徒たち。逆境の中にあって、かたい絆で結ばれた同志です。ところが、ここでキリストが意外な言葉を口にします。実はこの絵はその有名なセリフを語った直後の場面です。さて、そのセリフとは何でしょう？」

「……(沈黙)」

「その言葉とは、『この中のひとりが私を裏切るだろう』という衝撃的な言葉です。使徒たちがそれを聞いて一瞬凍りつき、堰を切ったように口々に驚きや不安を表現します」

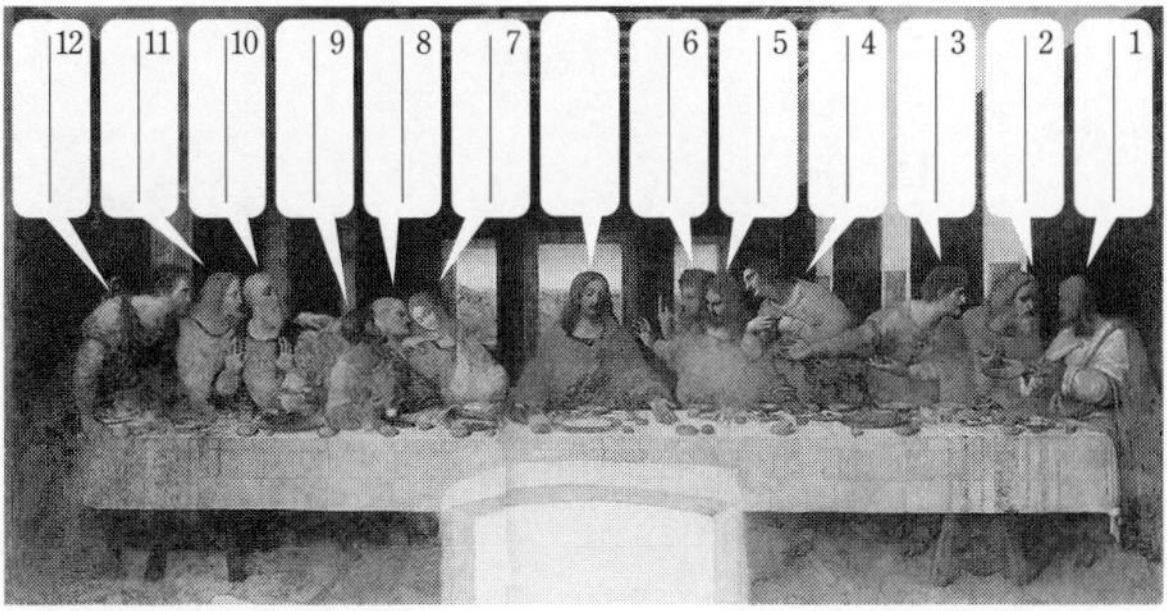

「今度はこのキリストの言葉を念頭におきながら、絵を見直してみましょう。それぞれの登場人物が今度は何と言っているように見えるか、そのセリフを吹き出しの左半分に書き出してください。そして、なぜそう見えるのかを話し合ってみましょう」

キリストの言葉を知り、生徒たちの見方に変化が起きた。

2：俺じゃない

3：あんなこと言ってますけど……

4：まさか私を疑っているんじゃないでしょうね

6：それはひとりだけですか

●活動4　みんなで名画になってみる

いよいよ登場人物になる段階。「まず自分の担当する人物の手の表情を再現してみよう」

手だけでも実にさまざまなしぐさがある。生徒は写真とパワーポイントの資料を見ながらポーズを研究する。

この段階で意外に盛り上がったのは、画面左中ほどの不気味なナイフを持つ手の存在だ。「これは誰の手?」と不思議がる(写真)。実はダ・ヴィンチの素描の中に、これと同じように手首を返した輪郭が描かれているものが残されていることから、ペテロ説が有力のようだ。

それぞれの手のポーズができ上がったら、今度は三人でグループ単位の組み合わせをつくる。キリストを中心にして三人ずつ集まり、絵画全体のレイアウトを見ながら、全員で名画のシーンを再現する。

「キリストは立っていると思っていたが、実際にテーブルに並んでみると、腕と手の関係から高い椅子に座っているのかもしれない」と生徒が言い出す。他の人もそれぞれの立ち位置が不安定で、窮屈になり、絵のように集まるのはかなり難しそうだ。

それに加えて生徒たちは演技への照れを捨てきれず、かなり気分が引き気味の「最後の晩餐」になってしまう。ここで、「3、2、1、フリーズ(固まれ)」。この瞬間が名画再現いちばんの見所なのだが、今回はすっかり「溶けた」フレームになってしまった。

生徒、教師の変容

いちばんの山場はキリストの言葉を聞いたあとの変化だ。登場人物たちが全身で語っているように見えはじめる。それは絵が変わったのでなく、鑑賞者が「眺める」から「読み取る」へ変化する瞬間だ。

一方で、絵画の人物に「なって」みると、この作品が作為に満ちた表情の集合体だと実感する。演劇として再現できるリアルな群像ではなく、ダ・ヴィンチがイメージで構成した絵画だったということを教えてくれる。

授業後の生徒の感想には以下のようなものがあった。

・最初にこの絵を見たときに感じたことと、キリストの言葉を知ったあとに見た絵の印象が全然違った。
・普通にご飯を食べている風景だと思っていたのが、裏のあるダークなイメージになった。
・少し恥ずかしかったけど、意味深な作品になりきれてよかった。
・今まで「最後の晩餐」の絵をじっくり見たことがなく、こんなにまじまじと見たのは初めてで、すっごく深いんだなと思いました。

・この絵の一人ひとりの顔や動きを見て、今までとまったく違った感じがした。
・描かれた当時の色で本物を見てみたい。
・ダ・ヴィンチの探求心に学ばねばと思った。また違う絵について話してみたい。

実際に取り組んでみて、演技やポーズに恥じらいや抵抗感を示す生徒もいることから、何らかの対策が必要だと感じた。日常的に体で表現する機会を用意することや、表現することの意味や必然性を理解してもらう工夫が必要になってくる。

今後、各自の発想で新しいシーンを創作するようなフリーズ・フレームに取り組めれば、より自由で伸び伸びとした自己表現の場になるのではないか、と考えた。（中原道高）

中原実践の分析

ドラマ技法のなかでも最も汎用性の高いアクティビティの一つが、フリーズ・フレームである。歴史学習でいえば、エポックになる場面の再現などに活用されるが、これを美術鑑賞に活用した点が大きな特徴である。

今回は二五人の授業だったが、グループを増やせばもっと大人数の授業でも十分可能だし、対象も子どもから大人まで幅広く活用できるプログラムになっている。

また、ここでは「最後の晩餐」を素材にしているが、他の絵画はもちろん、群像彫刻の鑑賞などにも応用できるプログラムであることから、さまざまな可能性に開かれた実践だといえる。

事例3　私はミミズ（なりきりプレゼンテーション）

理科の教師、藤田真理子さん（北海道大谷室蘭高校）の授業は、二〇一二年から一四年にかけて実践されたものである（渡部淳＋獲得型教育研究会編〔二〇一五〕に収録）。

ここで取り上げる理由は、理科系の科目の授業にドラマ技法を導入した先進的な事例だからである。

実践のねらいと条件

高校三年生の「選択　生物Ⅱ」では、二〇一二年度から、なりきりプレゼンテーションを実施している。これは、理系の生徒だけでなく、文系、看護系の生徒もいる履修者二〇名規模（男女ほぼ同数）の授業である。

生物を選択した二クラスの生徒たちからなる合同の授業だが、生物Ⅰから続けて履修している関係で、同じメンバーでやる二年目の授業ということになる。学校がスポーツに力を入れていることもあって、北海道だけでなくさまざまな地方から生徒が集まっており、三年間いっしょの寮という生徒たちもいる。授業の雰囲気は概してなごやかである。

なりきりプレゼンは「生物の多様性と進化　第1章　生物の分類と系統」という単元で実施したものだ。生物のグループの類縁関係や系統がどのようになっているかについて学ぶ単元である。ここでは、ある生物に「なりきって」プレゼンテーションすることで、選んだ対象に興味をもって主体的に調べること、発表に取り組む姿勢や具体的方法について学ぶこと、単元の理解を深めること、の三つを目的としている。

授業の流れ：五時間（各五〇分）。

説明とグループづくり、リサーチワーク（二時間）→ディスカッションと発表準備（二時間）→発表と相互評価（一時間）。

六グループ（各三〜四人）は「歩いて集まれ」のアクティビティでつくっている。これは、自由に教室内を歩き回っている生徒に、教師が「近くの三人！」「近くの五人！」のように声をかけ、ランダムなグループをつくる技法である。

以下、藤田さんの実践報告の文章に沿って、見ていくことにしよう。

準備作業――ティーチャー・イン・ロールの活用

二〇一四年のことだが、授業の冒頭、黒板に「私はミミズ」と書いたらわーっと盛り上がった。

まず、教科書と図説を用いて、生物の系統分類の方法を説明してから、リサーチワーク、ディスカッション、なりきりプレゼンテーションを実施することを説明した。

方法とルールは、次のとおりである。

1　四人グループを基本とし、調べた生物になりきって、体を使って表現し、演劇的に六分間で発表する。プレゼンテーションの際に、小道具や簡単な衣装を使ってもよい。

2　興味を持った生物の分類や生態について、どんな観点からでもよいので深く調べて発表する。界門綱目科属種の分類名を発表すること。

3　リサーチは、図書館やパソコン、スマートフォンを利用してもよい。

4　時間が限られているので、授業以外の放課後などを使ったり、グループの中で役割分担をして、自宅や寮に持ち帰って作業したりしてもよい。

5　発表時には、他のグループが発表で取り上げた生物の分類や特徴をノートにメモする。

そして、配付した記入表に評価を書きこんで提出する。

説明を聞いただけで、生徒はがぜんやる気を出している。ただ、どのようにやるのか、まだ具体的なイメージが持てていない。そこで「ティーチャー・イン・ロール」(先生も演技)の技法を使って簡単に例を示した。これは、教師がある役を演じることで、学習者をフィクションの世界に招じ入れる技法である。

「私はミミズよ。あんたたち、私のことよーく知らないでしょ?! 私が、世の中に役立ってるってこと分かってないでしょ!」といきなり、ミミズになって話し出す。

「私はね、別名土壌改良者っていわれてて、私の住むところは肥沃でよい土地よ。かの進化論で有名なダーウィン博士も私の研究をしてたのよ」と、ミミズのイメージを変えるようなエピソードを話し、そこから、形態の特徴などに展開していく。

「心臓なんて一〇個もあるのにね。血管だってあるのよ。私の体はね、ツルツルすべすべにみえるけど、表面に剛毛がはえてるのよ。だからどんなとこでも前に進むのよ。ほら、こうやって!」

「アメリカ人だってひどいものよ。食用ミミズの料理コンテストなんてやってて、タンパク質やミネラルが多いので高価なんですって」というようなウンチクも入れて語り終えた。

生徒たちはおもしろそうに笑って聞いている。

プレゼンテーションの準備

このあと、早速グループに分かれて、話し合いやリサーチに入る。いつも眠そうな生徒も議論している。図書館へ移動したグループもある。スマートフォンを活用し、調べる項目を分担しているグループもある。リサーチやグループでのディスカッションが深まっていくと、当初の予定が変わることもある。対象の生物を変えて調べ直すグループも見られた。リサーチは授業時間だけでは終わらず、放課後や休み時間、日曜日にまで熱心におこなうグループも多く見られた。

リサーチが終わると、プレゼンテーションの準備に入る。発表時間が六分間と限られていることも効果的で、いかに短時間で説明できるかも競っていた。シナリオをつくって練習をし、なりきって表現する工夫も怠らない。

生徒が調べた生物種は多岐にわたる。二〇一四年度でいうと、「ウーパールーパー」「オサガメ」「ゴキブリ」「アルパカ」「クラゲ」「クマ」の六つである。発表方法も、大阪弁でプレゼンテーションした「ウーパールーパー」、衣装に工夫をこらした「アルパカ」や「クラゲ」と多種多様であった。

発表の場面

いずれの発表も力作だったが、ここでは二〇一二年度におこなわれた「ダンゴムシ、ワラジムシ」チームの例を少し詳しく紹介してみよう。初年度の発表であることと、これに続く一三年度、一四年度の生徒のモデルにもなった発表だからである。

「ダンゴムシ、ワラジムシ」チームは三名。一人が机の前のイスに座ると、教室の入り口から他の二人がノックして入ってくる。面接試験の会場という設定だ。一人はオカダンゴムシになりきって「ユーラシア大陸ヨーロッパから来たオカダンゴムシです。受験番号5656」とあいさつをする。もう一人は、「同じくユーラシア大陸ヨーロッパから来たワラジムシです。受験番号6464」といいながら着席する。教室が笑いに包まれる。

面接官が「自己紹介して下さい」と話すと、ダンゴムシは挙手をして「身長一四ミリ、一四本の足を持ち、六つに体が分かれています。ワラジムシくんより足は遅いですが、丸まれます」と自慢した。

するとワラジムシは「色が褐色、楕円形で足はダンゴムシくんより速いです」と自慢しかえす。面接官からは、「お住まいは？」「コンクリや石を食べますか」「ご家族は？」と生息地、食性、生殖などの質問が続き、「カルシウムを摂るためにコンクリを食べる」（双方）、「母はおなかに四〇人の兄弟をつけて守ってくれる。一斉に育ち生まれると気持ち悪がられる」（ワラジムシ）、とそれぞれ答えていく。ときに人家の柱も食べるというと、観客から「えーっ」と声が上がる。このやりとりで二種類の生物の生態がよく分かった。

最後に、面接官が「自己PRをして下さい」というと、ダンゴムシは「私は、ムシと呼ばれますがムシではなく、動物界節足動物門甲殻綱ワラジムシ目オカダンゴムシ科オカダンゴムシです。甲殻類ですのでフライパンで焼いて食べると美味しいのです」と答えた。ワラジムシは「ベンジョムシと呼ばないで。私は、動物界節足動物門甲殻綱ワラジムシ目ワラジムシで、正統なるワラジムシ一族なのです。小さい子どもたちのみなさん、私を丸めてつぶすのはやめて下さい、私は丸まるのは苦手なのです」と面接官の質問に答える形式で発表を終えると、教室は笑いに包まれる。笑いながらも生徒は、分類や特徴を聞き取ってメモしていく。

発表時には、ただ見るだけでなく、各自ノートに分類や分かったことをメモして、残りの一〇分で評価記入表に書き込む。この表には、分かったこと、感想、評点といった項目がある。ここでの評価は、それぞれの発表チームにフィードバックされ、彼らを大いに励ますことになる。

生徒、教師の変容

生徒たちのコメントシートを読むと、このプロジェクトを肯定的にとらえる意見が圧倒的に目立つ。二〇一四年度のコメントでも、授業で聞くだけよりも内容がよく分かり、頭にも残ったという記述が多く見られた。プレゼンの制作過程についても、「休み時間に集まって調べて、シナリオをつくって、こっそり練習したのが楽しかった」「一人で調べるより、分担できたり、意見の違いで議論したりしておもしろかったし、忘れない」というように、生徒たちの関係性が深まり、楽しんで学んでいる。

分かりやすいプレゼンを求められていることが、彼らのディスカッションを生み、能動的な取り組みを育てたのだろう。同時に、観る側の学びも豊かである。私がもっとも印象に残っているのは、一二年度の生徒のコメントで「(ダンゴムシを食べる民族があると聞き)ダンゴムシ食べてみたい」と書いていたことである。

毎年、生徒の発想の豊かさに感心させられる。実験や観察をとおして、教師の意図することをそのとおりに繰り返すという通常の授業とは違い、生徒が主体となって、多くの生物種の中

カメレオンになりきった生徒のプレゼンテーション．黒板には生徒たち手づくりの分類表などが貼ってある(2015年の実践)

から調べる対象を選び、自ら知識を獲得していくことで、能動的に理科を学ぶ感覚やスタンスを身につけているように感じている。「物理Ⅱ」を選択している生徒たちが、自分たちも発表を見たいと言ってきた。大いに刺激を受けたらしく、その後、物理でもなりきりプレゼンをするようになった。物理担当教師も学びの深まりを実感しているという。単元と方法を工夫すれば、応用できる分野はまだまだある、と考えている。（藤田真理子）

藤田実践の分析

この実践を見ると、二〇一二年ごろには、「歩いて集まれ」「ティーチャー・イン・ロール」「なりきりプレゼンテーション」などのさまざまなアクティビティを組み合わせ、それを自在に使いこなす教師が登場していたことが分かる。

藤田真理子さんは、現職に就く前に、製薬会社に就職して薬品開発に携わったり、ニュージーランドの現地校で授業を受け持ったりという異色のキャリアをもつ教師である。大谷室蘭高校で長く進路指導主任を務めただけでなく、同校にラグビー部を創設し、選手たちを花園ラグビー場で開かれる全国大会にまで導いた行動の人でもある。

それだけに生徒の信頼が厚く、授業外でのコミュニケーションも密である。そうした背景が、藤田実践を支えている点も見逃せない。

事例4　群馬―東京をスカイプでむすぶ（ニュース・ショー）

宮崎充治さん（桐朋小学校、教員歴二八年）と小菅望美さん（群馬県高崎市立北部小学校、教員歴三年）が、二〇一七年の一一月と一二月の二回、それぞれの教室をスカイプ（テレビ会議）でつなぐ交流授業を実現させた。社会科の単元「これからの食料生産とわたしたち」に沿った内容である。

ここで取り上げる理由が二つある。一つは、スカイプという時間と空間を越える現代的な技術を活用した交流授業であること、もう一つは、ベテラン教員とルーキー教員の世代を越えた交流実践になっていることだ。

小菅さんの実践報告(渡部淳+獲得型教育研究会編(二〇一八)に収録)と、メンター役を務めた宮崎さんの振り返りメモをとおして、取り組みの様子を立体的に浮かび上がらせてみよう。

まず、小菅さんの報告を要約する。

実践の条件と準備

きっかけは、たまたま二人が小学五年生の社会科を担当したことにある。そこで四月から半年以上かけて準備を進めることになった。この交流授業に参加したのは、学校法人桐朋学園桐朋小学校の五年東組(三六名)と、高崎市立北部小学校の五年一組(二一名)の、総計五七名の子どもたちである。

二つの学校がおかれた環境は大きく違う。周りを水田に囲まれた北部小学校は、高崎市にある公立校。学校の中で毎日給食が作られている。桐朋小学校は、東京都調布市の商店街の中にある私立校。子どもたちのほとんどが電車通学で、弁当持参である。

こんなに環境が異なる子どもたちをどのように交流させるのか。まずは、お互いの環境に対する理解が大切であると考え、一学期(七月四日)に学校を紹介し合う活動をした。これがはじめての交信である。

双方一五分の持ち時間で、桐朋小学校はｉＰａｄを使ったビデオレター、北部小学校はクイズ・ショーの形式をとった。はじめての交信で顔の見える関係になったことが、「場所は違ってもつながることができるんだ！」という自信につながった。

実践の場面

二学期になって、いよいよ交流授業が始まった。自分たちの調べたことを伝えて、教科書にはない情報を分かち合う。

まず東京の桐朋小学校の子どもたちが、「水産業のさかんな地域」のテーマで、神奈川県三浦市の三崎漁港に校外学習に行った時のことを伝えてくれることになった。

これと並行して群馬の北部小学校側でも、「漁業って何だろう？」をテーマに、教科書に出てくる用語や水産物の流通の仕組みを張り切って調べた。

東京側の発表(一一月二一日)は、内容の面でも発表方法の面でも、群馬の子どもたちを驚か

三崎漁港での校外学習．漁港で働く人たちの話に熱心に聞き入る（桐朋小学校）

せるのに十分なものだった。それは、三崎漁港に並ぶ魚の様子や仲買人の仕事ぶりについて、映像を使って解説するニュース・ショー形式の発表だったからだ。

子どもたちの目は、画面の向こうの五年生にくぎづけになった。見ていると、画面に出てくる司会者・コメンテーター・記者役はもちろん、音響やカメラマンの仕事まで自分たちでやっている。

この発表にふれて、子どもたちの意欲がいっぺんに高まった。内容はもちろん、どうやったら相手に伝わるのかという発表の工夫も学べたからだ。

いよいよ群馬の番だ。「これからの食料生産とわたしたち」のテーマで、群馬を伝える。選んだ素材は農作物である。当たり前すぎて、これまで意識してこなかったテーマを子どもたちが再発見したのだ。

教科書の内容を確認してから、いろいろな人にイン

スカイプを使って桐朋小学校とむすぶ(北部小学校)

タビューに出かけた。それで、生産者や農産物直売所の人の苦労や、なるべく地元食材で給食を作ろうとしている栄養士の工夫を知ることができた。

発表(一二月八日)は、東京の方法にならってニュース・ショー形式にした。自分たちが取材で出会った人物に「なって」説明するのだ。クイズ・コーナーをおいて、東京と双方向のやり取りをする工夫も加えた。

四つの班がそれぞれ三分報告する。こんな具合だ。

【A班：農家の人と直売所の人について】

司　会：これから農業ニュースをはじめます。司会を務めるA男です。

ゲスト：ゲストのB子です。

司　会：まずはじめに、直売所にレポーターのC子さんが行っています。呼んでみましょう。現場のC子さーん！

レポーター：はい、こちら直売所のC子です。今日は、直売所の人にインタビューしてみたいと思います。直売所のD男さんです。こんにちは。

直売所の人：こんにちは。

レポーター：さっそく質問です。直売所の野菜は朝何時に持ってくるのですか？

直売所の人：朝七時から七時三〇分までの間に持ってきます。

レポーター：値段はどのように決めているのですか。

直売所の人：基本的には生産者がそれぞれ決めています。

レポーター：直売所とスーパーとの違いは何ですか。

直売所の人：スーパーは業者が持ってきますが、直売所は生産者が直接持ってきます。

このようなやり取りの後、次に農家の人が登場して、農家で作った物の二〇％を自分の家で食べていることを伝える。さらに、スタジオのゲストが桐朋小学校にクイズを出す、という展開である。

最後の質問タイムで、こんなやり取りがあった。

桐朋小：北部小学校の給食で外国産は主にどんなものが使われているのですか。
北部小：バナナ、コーン、グリンピースが外国産です。
桐朋小：給食は何人で作っていますか。
北部小：四人です。
桐朋小：何時から何時まで給食を作っているのですか。
北部小：八時半から一二時までです。

どれも、あらかじめ調べていた内容であったため、うまく答えることができた。今回の発表では、自分が調べた人の立場を演じたこともあって、「自分事」として農作物について考えることができたようだ。

交流授業がもたらしたもの

この交流授業をきっかけにして、海無し県・群馬の子どもたちが、日ごろ身近に感じることのない漁業について深く学べるだろうと予想したが、そのとおりの結果になった。

しかし、それだけではなかった。特に大きかったのは、子どもたちが発表方法のさまざまな工夫を知ったこと、地元のリアルな姿にふれて自分たちの生活に結びつく学びができたこと、さらには、同じ学年、同じ時間を生きる仲間を見つけて、子どもたちの世界が大きく広がったこと、の三点である。かけがえのない成果をもたらした交流授業だったといえる。（小菅望美）

実践の背景と経緯

では次に、メンター役をつとめた宮崎さんの視点で経緯を振り返ってみよう。ちなみに宮崎さんは、私の主宰する獲得研のアクティビティ開発でも中心的役割を果たしてきた一人である。児童演劇の脚本を書き、自ら演出もこなす実践家で、現在は弘前大学に勤務している。

今回の交流授業は、二人が五年生の社会を担当するという偶然がきっかけで実現したものだ。ただ、地域も学校文化も違う同士の交流がそれまでの当たり前を相対化させ、「交流×スカイプ」というしかけが学びをより豊かにしてくれる、と考えていた。

●アイスブレイク

交流前のアンケート調査で、桐朋小学校の子どもたちが驚かされた。北部小学校の子どもたちがもつ「東京の私学」イメージが、「頭良さそう、勉強してそう、ベンツで送り迎え」だったからだ。おそらく北部小学校の側でも、桐朋小学校の子どもたちが自分たちに対して抱いているイメージを知って、違うなあと思ったのではないか。

そこで桐朋小学校側は、日常の風景を取材し、休み時間、学校近くの駅、国道二〇号線などを紹介するビデオにまとめた。子どもたちがｉＰａｄを使って作成したものだ。北部小学校側は、運動会の組分けの仕方などをクイズ・ショー形式で紹介してくれた。七月四日の自校紹介が、いいアイスブレイクになった。緊張をほぐし、次の交流への「やる気」を生んだのだ。

●ニュース・ショーという学び

一一月に、桐朋小学校から漁港見学の報告をおこなうこととなった。行き先は神奈川県三浦市の三崎漁港。マグロの競りと漁港の様子を調べた。

資料の撮影をしながら「この図があると説明しやすい」などと、自然に子どもたち同士の相談がはじまっている。伝える責任が生まれたことが、意識的に学ぶ姿勢を生んでいたのだ。

帰ってきてから、みんなの見学メモを集めてニュース番組をつくる。クラスが一つの報道チームになって、キャスター、カメラ、音声、フリップ・地図作成、画像編集などの作業に取り組む。

編成部（アナウンサー、専門家）役が協議して、どれをニュースとしてとりあげるか決める。この編成部が、図表作成チームにフリップや地図づくりを依頼したり、写真選定チームにいちばんいい写真を選ぶように指示したりしていった。

保護者の中に、テレビの報道番組のディレクターがいる。そのお父さんから「視聴者の目をひく情報、視聴者が知って得した・楽しいと思える情報、視聴者に伝えなくてはいけない大切な情報の三つを組み合わせてニュース番組をつくる」というヒントをもらった。

子どもの深い学びは、ニュースの本番ではなく、このプロセスで起こっていた。正確にかつおもしろく伝わるように工夫することと、まるでテレビ局の人に「なった」かのように演じることが、学びのレベルをあげるのに貢献している。

●研修としての交流授業

こういった子どもたちの学びとパラレルに教師の学びが起こった。特に計画段階がワクワクものだった。新しいスタイルの授業がつくれるのではないか、教科書だけではない学びができるのではないか、互いの地域の特色が浮き彫りになるのではないか、と夢が膨らんだ。

四月からメールでやりとりをし、大まかな実践構想を共有する。実践の「核」をこの交流授業におき、年間カリキュラムをつくっていく。

ともすれば、こういった交流授業は億劫なものだ。学校の許可をとり、教育委員会の許可をとり、お互いのカリキュラムをすりあわせ、交信できる時間の調整をする。大変な作業には違いない。

しかし、こうした営みが、カリキュラムの内容がどんな順番で構成されているのかを改めて認識し、その中でも柔軟に変えることができる部分と変えられない部分がどこなのかといったことを考えるのに、自然につながった。

したがって、交流プランを実現していくこと自体が「自己研修」だったといえる。流行の言葉でいえば、メンタリングだ。もはやどちらがメンターで、どちらがメンティーかということではない。実践をつくる過程で、お互いが発する問いが、お互いの実践のヒントになっていったからである。

（宮崎充治）

宮崎・小菅実践の分析

教員研修という視点からみると、いわゆる官製研修のような縦の関係でも、同僚同士のような横の関係でもない「斜めの関係」（宮崎）の実践だといえる。この実践について以下の二つの特徴が指摘できる。

一つは、現代のＩＣＴ技術をフル活用した実践であることだ。スカイプ、メッセンジャー、メールを使い、音声、画像（動画、静止画）、文字情報を即座に送り合うことで実現した交流実践である。その反面、便利な機能を使いこなすための回線、機器、時間、セキュリティの確保につねに心をくだく必要のある実践でもあった。リアルを補うものとしてＩＣＴがある、というのが現段階での宮崎さんの実感だという。

これと関係するが、教師同士がオンライン、オフラインの両方で交流を続け、信頼関係を高めていったことがある。バーチャルな交流とリアルな交流の組み合わせである。

夏休みを使って、宮崎さんが北部小学校を訪問している。北部小学校の教室、そこから見える風景、通学路、紹介された教職員、それらにふれて、実践のイメージがより強固なものになったという。小菅さんの側でも、前年度、宮崎さんの招きで桐朋小学校の教室を訪れ、群馬名物のこんにゃく作りを指導している。

もう一つは、内容はもちろん方法意識を明確にして取り組んだ実践であることだ。二人は、今回の実践を構想するにあたって、まず大枠を決めている。そのポイントは、内容として産業学習を扱う、何らかのアクティビティを利用する、スカイプの機能を使いリアルタイムで交流する、の三点である。

メンターとしての宮崎さんは、地域を掘り起こし、地域とつながることの大切さをメッセージとして送り続けた。それを受けて小菅さんが、子どもたちと地域を探索し、地域の人たちや学校のスタッフと連携を深め、やがてその成果を、スカイプでの発表として花開かせることになった。

その際、桐朋小学校にならって、北部小学校でもニュース・ショーの技法を効果的に活用できたのは、宮崎さんと小菅さんがアクティビティを共有できていたから、ということが大きい。宮崎実践を受け止める素地があらかじめ小菅さんの側でも用意されていた、ということである。

交流授業後に書かれた北部小学校の子どもたちの感想を読むと、彼らの認識の変容がさまざまな分野におよんでいることが分かる。

学習内容に関わるものでは「東京は、日本一畑がないと言われていることが分かりました」「東京は群馬とちがって、直売所はないと思っていたけど、東京も群馬ほどではないが、少しは直売所があることが分かった」「桐朋小は給食がめずらしいということが分かった」といった相手地域に関わる発見、また「給食の釜一つで三五〇人分作れる」「直売所では、売れ残った野菜などは、作っている農家の人に返されてしまうことが分かりました」「給食の人は、ぼくたちのためにこんだてを工夫して考えたり、健康も考えてくれているということが分かりました」といった身近な地域に関わる発見の両方にまたがっている。

また、スカイプを使った交流場面についていえば、多くの子どもたちが「大きな声を出せた」「ゆっくり言えた」といったように、肯定的な振り返りをしている。司会役の子どもは「目立たせたい言葉は二人で同時に言った。（ゲストと）会話しているようにした。ほぼ暗記をして、カメラ目線で言えた」、栄養士役の子どもは「言葉をかまずに言えた。台本（カンニングペーパー）を最初に見てレポーターの方を向いてしゃべれた」と自分なりの工夫について書いている。

いずれの感想も、記述内容が具体的である点に特徴がある。このことは、子どもたちが、どうしたら相手により伝わるかをあらかじめ考えていたこと、そのねらいが実現できたことに確かな手ごたえを感じていることを示している。

まとめ——学びの同型性

異なる四つのタイプの実践をみてきた。ここに登場する教師たちは、いずれも学ぶことのワクワク感を、生徒とともに、自らも味わう経験をしている。

注目すべきは、学習者の学びと教師の学びの同型性である。たとえば、事例1の初海さんは「今回の活動は、子どもたちがおこなうプロジェクト学習のステップと基本的に同一のものだった」と感じている。そして事例4では、宮崎さんが「子どもたちの学びとパラレルに教師の学びが起こった」と語っている。

次章で改めて触れるが、これから自立的学習者を育てようとする教師には、主体的な学びの楽しさを自らが経験し、探究の楽しさを生徒にも伝えられる「学習者」としての資質が求められる。

ただ、大人になった教師たちが、子ども時代に戻ってやり直すことはできない。ではどうやってそうした経験が味わえるのか、それが次の課題となる。

第4章　共有財産としての参加型アクティビティ

この章では、いまどんな種類のアクティビティが実際に使われていて、どうすれば日本の教師たちが必要な学習技法に迅速にアクセスできるのか、考えてみたい。それらを使いこなした先にどんな教師像がみえてくるのかも問題になる。

実際の授業で使われている膨大な数のアクティビティは、世界中の市民が、さまざまに試行錯誤を重ねて創り上げてきたものだ。その意味で、学習ツールとしてのアクティビティは、人々の知恵の結晶であり、文化的遺産とでも呼ぶべきものである。

まずは、アクティビティの定義を再確認するところからはじめよう。第2章でも触れたが、アクティビティの概念は、以下の三つのレベルで使われている。一つ目は、「学習者が主体となって取り組む、ゲーム、ロールプレイ、シミュレーション、プレゼンテーションなど諸活動の総称」を指す広義の用法、二つ目は、「ディベートのアクティビティ」「ドラマワークのアクティビティ」のように、そのなかにさまざまな技法を含みこむ範疇(カテゴリー)レベルの用法、そして三つ目は、「即興スピーチ」「バズ・セッション」などのような個々の技法レベルの用法である。

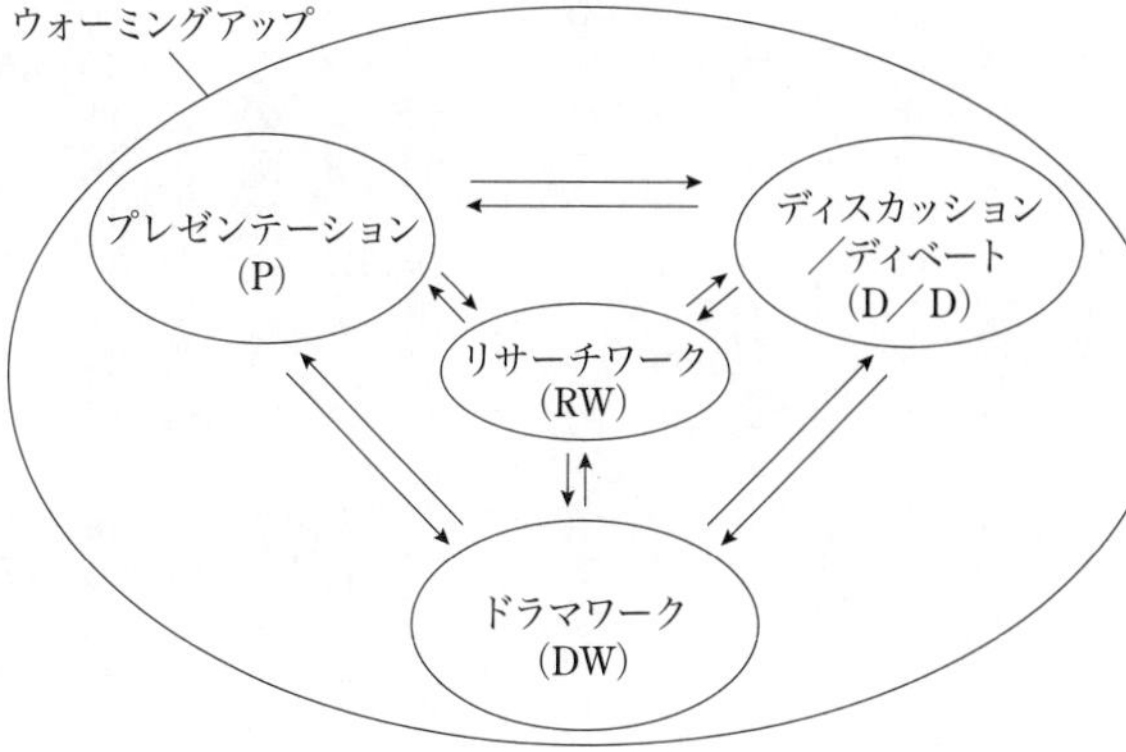

図 4-1　獲得型学習モデル

一つ目の広義の用法については、繰り返し触れてきたので、ここでは二つ目のカテゴリーのレベルからはじめよう。

1　獲得型学習モデルと四つのカテゴリー

私の主宰する獲得型教育研究会では、図4-1のとおり、アクティビティの主要な範疇（カテゴリー）を、リサーチワーク、ディスカッション／ディベート、プレゼンテーション、ドラマワークという四つでとらえている。

これはアクティビティの機能（＝学習者の活動形態）に着目した分類である。では、あえてアクティビティの分類を試みた理由は何か。それは、こうした範疇をおくことで、技法の広がりを一望しやすくなり、だれもが必要なアクティビティに迅速にアクセスできるようになるからだ。学習ツールとして現場教師の活用に供することはもちろん、後に詳しく述べるとおり、市民社会の共通教養としてアクティビティを位置づけようとしているのである。

この図では、リサーチワーク(RW)を中核として、外側にプレゼンテーション(P)、ディスカッション／ディベート(D／D)、ドラマワーク(DW)が等距離に並んだ形になっている。

この図を手掛かりにしてもう少し詳しく見てみよう。獲得型授業という言葉は、自学のトレーニングと参加・表現型学習のトレーニングという二つの側面で構成された学習指導システムを指している。この授業で学習者は、さまざまなアクティビティを組み合わせてデザインされたアクティブ・ラーニングに、個人やグループで取り組むことになる。

図の中心におかれたリサーチワークが「自学のトレーニング」に対応している。学習者の〝学び方を学ぶ〟活動を支援することだ。獲得型授業にあって中核的位置を占める訓練が、このリサーチワークである。ここには、情報収集から発表や論文作成などにいたる一連の活動が含まれる。学習者は自学のトレーニングをとおして、情報の更新の仕方をマスターし、自分なりの思考の枠組みをつくっていくことになる。

前章の事例1の教材開発では、アメリカの銃社会の実態に関する文献調査をしたり、ルイジアナ州のフィールドワークで関係者にインタビューしたりするなどの活動をしている。これは教師の活動だが、学習者が報告書や発表をつくるときにおこなう活動と基本的に同型のものである。

事例2のフリーズ・フレームづくりでいえば、生徒たちが、「最後の晩餐」を絵画資料として読み解く作業をしているし、事例3のなりきりプレゼンづくりでも、自分たちで選んだ生物について、高校生が図書館やパソコン、スマートフォンなどを使ってリサーチしている。また事例4の交流授業でも、小学生が、食料生産と流通の実際をレポートするために、まず教科書の内容を確認してから、農産物の生産者や栄養士の方にインタビューして地元地域の情報を集め、フリップやシナリオづくりに役立てている。

かける時間も労力もいろいろだが、いずれのケースも、リサーチワークがあってはじめて成り立つ学習だといえる。ここには出てこなかったが、アンケート調査、動物の飼育や植物の栽培による観察記録、各種の科学実験など、あらゆる校種で、さまざまな形態のリサーチワークが実際に展開されている。

一方この図では、プレゼンテーション、ディスカッション／ディベート、ドラマワークという三つの範疇が、リサーチワークを取り囲むように配置されている。この三つが「参加・表現型学習のトレーニング」に対応するものである。

日頃の授業では、これら四つの範疇に属する一つもしくは複数の技法を使ってアクティブ・ラーニングの授業が進められることになる。

相互浸透的な関係

図中の双方向の矢印が、範疇相互の関係性を示している。これらの矢印が意味することは、それぞれの要素が各々の活動を促進し、相互に支え合う関係になっていることだ。

中心にあるリサーチワークと他の要素との関係で考えてみよう。たとえば、高いレベルのディベートをおこなうには、双方が客観的に論議するに足る資料や論点を提供し合うことが不可欠である(リサーチワーク→ディベート)。また、ディベートをとおして新たな論点が浮上し、追加の調査が必要な場合もしばしば起こる(ディベート→リサーチワーク)。このような相互に支え合う関係になっている。

外側にある三つの要素同士の関係も同様である。たとえばグループ・プレゼンテーションが学習として効果を発揮するためには、学習者同士のディスカッション/ディベートが不可欠である。前章事例3の「私はミミズ」でいえば、発表本番までにおこなわれるテーマ選び、資料調べ、脚本づくり、キャスティング、リハーサルという一連の活動はすべて、生徒たちのディスカッション／ディベートによって進んでいくことになる。

このように、三つの要素同士の境界は必ずしも画然としておらず、相互に浸透的でかつ緩やかにつながっている、と考えるべきである。

第五の範疇——ウォーミングアップ

ここまで見てきた四つの範疇とは別に、不定形で体系化しにくい領域がある。それが第五の範疇としてのウォーミングアップである。ウォーミングアップという用語は、学習への参加準備を促す活動を指して使われる。

学習者同士の関係をなごませて、彼らの「思いを声に出す勇気、動き出せる身体」を育むものだが、アクティブ・ラーニングに不慣れな子どもが多い日本の教室では、とりわけ重要な役割を果たす活動でもある。

図４‐１のとおり、四つの範疇のアクティビティを取り囲むように描かれているのは、ウォーミングアップの活動が、しばしばそれらの領域を起動させるモーターの役割を果たしているからだ。というのも、あらかじめ「教師―学習者」「学習者―学習者」の間に信頼関係を醸成

し、学びの場を柔らかく解きほぐすことができれば、その後の探究がよりスムーズに展開するからである。その意味で、お互いの自由な表現が受けとめられる安心・安全な空間を用意することが学習技法定着のポイントでもある。

ウォーミングアップの活動には、コミュニケーション・ゲームやレクリエーション活動などのさまざまなアクティビティが含まれている。私も公開ワークショップなどで、はじめて出会う参加者の緊張をほぐすべく、プログラムの冒頭で必ずおこなっている活動である。

比較的活用の頻度が高いものに、「あっちこっち」(挙手で質問に答える活動)、「バースデイ・リング」(言葉を使わずに協力して誕生日順に並ぶ活動)、「共通点探し」(グループ全員の共通点を見つける活動)、「彫刻リレー」(一列になり順番にポーズを送っていく活動)などがある。

これらのアクティビティを含めて、私の主宰する獲得研では、三つの分野――出会いと交流を楽しもう、協力と集中をたのしもう、躍動と創造をたのしもう――にまたがる七〇技法の活用を提案している。

2　アクティビティのいろいろ

ではここから、より具体的に個々の技法レベルの活用について見てみよう。最初におことわりしておきたいのは、これから紹介するラインアップが決して固定されたものではない、ということだ。新しいアクティビティがいまも生まれているし、反対に、時代の変化とともに使われなくなっていく技法もある。

ウォーミングアップを含む五つのカテゴリーのなかでも特に研究開発が遅れており、読者によりなじみの薄いのがドラマワークだろう。

ドラマワークは、学習者がたとえば歴史上の人物や文学作品の登場人物など、自分でない何かに「なって」学ぶ活動である。フィクションの世界と現実の世界を往還し、身体や五感まで駆使して学ぶドラマ活動は、「学びの全身化」「学びの共同化」というコンセプトを実現させる大きな柱の一つになっている。

前章の事例でいえば、事例1「銃で撃たれた日本人高校生」がドラマワークによる授業である。ここでは、ロールプレイ、フリーズ・フレーム(静止画)、ホット・シーティングという三つのドラマ技法が使われていた。

ただ、先述のとおり、ディベートにも演劇的表現活動としての要素が色濃くあるし、事例4「群馬—東京をスカイプでむすぶ」で使われたニュース・ショー形式のプレゼンも、子どもたちがいろいろな役柄に「なって」発表する演劇的な活動である。そう考えると、私たちがそれと意識しているかどうかは別として、すでにさまざまなかたちのドラマワークがおこなわれているともいえる。

コア・アクティビティ

では、ドラマ技法にはどんなものがあるのだろうか。世界中でたくさんの技法が使われているが、さしあたり私たち獲得研が活用を提案している技法が一六技法あり、そのうちでも、とりわけ汎用性の高い六つの技法を、コア・アクティビティと呼んでいる。**表4-1**がそれである。フリーズ・フレーム、ロールプレイ、ホット・シーティングもここに含まれる。

いま汎用性という言葉を使ったが、獲得研に参加している小学校から大学までの教員が、同一の技法を一斉に授業で試し、その効用について報告し合う作業を繰り返し、結果として六つに絞り込んだという意味である。

技法の活用場面

第3章で初海さんが使ったホット・シーティングも、いまではさまざまな授業で使われるよ

表4-1　コア・アクティビティ

1	フリーズ・フレーム(静止画)	身体を使って，イメージを写真のように表現する．できあがったものを見せ合い，テーマを考えたり，振り返りをしたりする．
2	ロールプレイ	自分でないものになって，場面を演じる．身体を使って何かになる入門的な技法として幅広く活用される．
3	ホット・シーティング(質問コーナー)	ホット・シートに座った人が，ある登場人物(ときにはモノ)や動物になって，周囲の人々の質問に答える．
4	マントル・オブ・ジ・エキスパート(専門家のマント)	学習者が専門的知識をもった個人・グループになったつもりで，設定された課題に関する知識や解決策を提案する．
5	ティーチャー・イン・ロール(先生も演技)	教師自身が，ある場面の登場人物になって演じることで，学習者をフィクションの世界に招じ入れる．
6	ソート・トラッキング(思考の軌跡)	場面がフリーズした状態をつくり，登場人物のその瞬間の内面の状態を言葉や身振りで語る．

※渡部淳＋獲得型教育研究会編(2010)より作成

うになっている。とりわけ大きな反響があったものに、青木幸子さん(跡見学園高校)が二〇一〇年におこなった『山月記』の実践がある。

中島敦の『山月記』は高校国語の教科書では定番の教材である。これは、地方官吏の職に満足できず、詩人になろうとした男が、挫折の末に虎に変身、偶然に巡り合った旧友にその姿のままで身の上を語る物語である。

難解な語が多く、生徒に深い読み込みをさせるにはどうすればよいのか、多くの教師が悩み、工夫を重ねている教材だ。青木さんは、ホット・シーティングの技法を使うことで、物語の山場となるシーンを劇的に深めてみせた。一人の生徒が李徴(虎)になってみんなの質問を受けるのだ。

少し長くなるが、青木さんの報告を引用してみよう。

活動としては、李徴になってくれた生徒に、クラスのあちこちから「はい」といって手をあげては、みながたずねていきます。最初は本文にそったさしさわりのないこと、また、本文から想像できそうな内容の問いでしたが、問いを発する生徒たちは、李徴になりきって、まさに李徴を生きようとしているかのような、Aという生徒の姿にどんどんひきこまれ、問いが次第

みんなの質問に答える李徴役の生徒（跡見学園高校）

に深いものになっていったのです。

「もし、もう一度だけ、ほんの一度だけ、人間にもどることができたら、あなたは、何がしたいですか？」

生徒Bの問いにクラス中が、シーンとして、生徒A＝李徴をみつめます。

Aは、じっと考えて

「詩を、詩を書きたいです、発表したいです……」

と、きっぱりと答えます。

詩作こそが、アイデンティティと考える李徴にクラス中から、ためいきが聞こえました。

続いて、生徒Cがたずねます。

「さいごに、あなたが、私たちに姿を見

せて二声三声咆哮しましたが、その声を、人間の言葉で聞かせてください」

そのCの問いに、私を含めクラス中が、はっとしました。

あまりに意外で、あまりに核心をついた問いでした。

A=李徴は、しばらく、黙ったまま、こう答えました。

「さよなら、さよなら」

今、メールうちながらも、あの日のあのときの光景で胸がいっぱいになります。

クラスのあちこちから、すすりなきがおこりました。私も、涙がこぼれました。

はじめておこなったホット・シーティングでした。

それは、それぞれの生徒に深い想いを残しました。

読解を深めるという作業は、知的理解を超え、からだ中で感じ、心の深いところで考えることなのだ、と生徒たちから私は教わったのです。

（青木幸子）


この報告は、ドラマ活動によってどこまで生徒の学びを深めることができるのか、その可能性の大きさを獲得研のメンバーに実感させた事例である。

教育プレゼンテーション技法

二一世紀に入ってから、ブームとも呼ぶべき活況を呈しているのがプレゼンテーションであることは第2章でふれた。それについても見ておこう。

そもそも教育の場でプレゼン技法を活用する目的はどこにあるのだろうか。ごく単純化していえば、教育プレゼンテーションの目的は、学習者がお互いを豊かにすることにある。プレゼンを準備するなかで、発表者自身が学びを深め、そうして用意した情報やメッセージを聴き手に向けて発信する。聴き手はそれを受けとめて、質問・意見のかたちで発表者に応答し、発表者側のさらなる認識の深化をうながす。第1章でも触れた〝互恵的な学びのツール〟、それを象徴する技法がプレゼンテーションだといえる。

獲得研では、三〇のプレゼン技法の活用を提案している。スピーチとプレゼンテーションは、技法の特徴からいっても連続性が高く、相互に不可分の関係にある。そこで、スピーチのなかでも特に初心者が取り組みやすいものを五つ選んで構成したのが「教育プレゼンテーション最初の一歩」である(次頁表4-2)。教師はこれらの技法を、独立したプログラムとしても、また探究活動などにつながるウォーミングアップとしても活用できる。

表4-3(次頁)は「最初の一歩」を含む三〇のプレゼンテーション技法を一覧したものだが、

表4-2　教育プレゼンテーション　最初の1歩

1	世界一短いスピーチ	一人ずつ順番に，自分の名前と指定されたトピックだけを言う，とても短いスピーチ．例，「私は○○です．好きな食べ物は○○です」
2	1分間スピーチ	「この夏の一番の思い出は…」というような，比較的簡単なトピックについて，1分以内で何かまとまったことを話すスピーチ．
3	即興スピーチ	あるトピックについて，ごく短い時間準備しておこなうスピーチ．例，お題のカードをくじのように引き，30秒の準備で1分間のスピーチをする．
4	ショー&テル	自分が大切にしている写真やおもちゃ，また思い出の品のような物を，聴衆の前に示し，それに説明を加える形でおこなうスピーチ．
5	なりきりスピーチ	当人ではない実在の人物，小説や映画に登場する創作上の人物，さらには動物や物になりきり，その人(物)の立場でおこなうスピーチ．

「最初の一歩」の他の二五技法については、「表現の三つのモード」に対応させて分類している。具体的には、「ことばモード」に重点をおいたプレゼンとして「ニュース・ショー」や「架空シンポジウム」、「ものモード」に重点をおいたプレゼンとして「ポスター・セッション」や「PCを使ったプレゼン」などが配置されている。

表4-3　教育プレゼンテーション(30の技法)

	最初の1歩	
1	世界一短いスピーチ	一文でOK
2	1分間スピーチ	簡単なお題で
3	即興スピーチ	お題はくじで引いてから
4	ショー&テル	お気に入りの物を見せよう
5	なりきりスピーチ	誰かに「なって」話そう
	「ことばモード」に重点をおいたプレゼンテーション	
6	(準備した)スピーチ	いわゆるスピーチ
7	半即興スピーチ	ちょっと準備してスピーチ
8	暗唱	覚える，語る，音を楽しむ
9	朗読	気持ちを込めて読もう
10	群読・コール	みんなで取り組む工夫が楽しい
11	公開インタビュー	質問も，答えも大事
12	クイズ・ショー	どんな問題にしようかな
13	架空シンポジウム	関係者が一堂に会して
14	ニュース・ショー	本日のトピックは
	「ものモード」に重点をおいたプレゼンテーション	
15	ポスター・セッション	見せるものがあると伝わる
16	フォト・スライド・ショー	図や写真で引きつけよう
17	PCを使ったプレゼン	コンピュータを活用して
18	ビデオ作品	動画をつくる，見せる
19	ガイド・ツアー	ガイドのあなたはスペシャリスト
20	紙芝居	絵はうまくなくてもOK
21	人形劇	登場人物が動きます
22	ものづくり	小さいものから大きいものまで
	「身体モード」に重点をおいたプレゼンテーション	
23	フリーズ・フレーム	場面を切りとる
24	なりきりプレゼンテーション	「なって」みると分かることが
25	CM発表	テレビCMをつくるつもりで
26	再現ドラマ	焦点の場面をリアル再現
27	ホット・シーティング	誰かになってQ&A
28	ディベート・ドラマ	2つの立場で考えよう
29	ダンス	身体を動かし，自由にイメージ
30	パフォーマンス	気持ちをこめると言葉はいらない

なお「身体モード」に重点をおいたプレゼンの枠に「フリーズ・フレーム」と「ホット・シーティング」が入っているが、これら二つの技法は、カテゴリー間の相互浸透を象徴する技法だといえる。

表現活動の三つのモード

「学びの全身化」を目指すアクティブ・ラーニング型授業では、「身体」による表現が、「ことば」や「もの」による表現と同じように重要である。というのも、そもそも私たちの表現行為は、これら三つの要素の組み合わせで成り立っており、組み合わせ方そのものが、「表現者」としての私たちの個性をかたちづくっているからだ。

この点についていえば、国際化・情報化の進展につれて、日本の教育界でも、書き言葉一辺倒の教育の見直しがおこなわれ、話し言葉のトレーニングの必要性がようやく認識されるようになってきた。「国語」における話し言葉の重視、コミュニカティブな「英語」学習の重視など「ことばモード」への注目の高まりがそれである。コンピュータによる情報処理学習など「ものモード」への注目も同時に起こってきた。

ただ、依然としてことばモードの比重が圧倒的に高く、三つのモードを自在に駆使する教育の実現にはほど遠い状況である。もっとも一方で、ワークショップ型授業が急速に広まりつつあることから、前章の事例にあるような、話し合い活動や発表活動と結びついたドラマ活動が、より使われるようになると考えている。

ここまで見てきたとおり、これからアクティブ・ラーニング型授業を目指す教師には、ことばによる表現(スピーチなど)、ものを使う表現(ポスター、パワーポイントでの資料作成など)、身体による表現(ドラマ活動など)という表現活動の三つのモードを自在に駆使して、新たな学びのスタイルを創造する役割が期待されている。

3　教師研修モデル――「学びの演出家」への道

ここまでで、この章の冒頭で確認した、アクティビティの概念をめぐる三つのレベルの用法すべてに触れたことになる。最後に、どうやって日本の教師がアクティビティの運用能力を身につけていくのか、そこからどんな新しい専門家像が生まれてくるのか、その見通しについて考えてみよう。

表4-4　アクティビティ定着の4つのフェーズ

フェーズ1	個々のアクティビティの働きや効果について教師が十分に知ること
フェーズ2	アクティビティを組み合わせて，1時間なり1学期間なりの授業をデザインできること
フェーズ3	実際の授業でアクティビティを効果的に運用できること
フェーズ4	教育内容，教室環境，生徒の状況など諸条件に合わせて，教師がオリジナルなアクティビティを創造すること

アクティビティ定着の四つのフェーズ

世界中で膨大な数のアクティビティが蓄積されているといったが、かといって、これからアクティブ・ラーニングに取り組もうとする教師が、いきなりたくさんのアクティビティを使いこなせるようになるわけではない。私は、アクティビティの習得による主体的条件の形成が、いくつかのステップを経過して進んでいくと考えている。それが、表4-4の四つのフェーズ(位相)である。

まだ日本では、フェーズ1が大きな課題となっている段階だが、ワークショップなどを経験すれば、フェーズ1からフェーズ2に移行することはそれほど難しくはない。

とりわけ重要なのが、フェーズ2からフェーズ3への移行である。アクティビティを知っていることと、それを自在に使いこなすことの間には、大きな懸隔があり、方法上の工夫と経験の蓄積という長期にわたる「(自己)研修=実践的トレーニング」を経てはじめて達成できるものだからである。

教師研修モデル

次頁に掲げた図4-2は、アクティブ・ラーニングの実践的トレーニングをとおして、教師のアクティビティ運用スキルが成熟していく様子をあらわす理論モデルである。「教師自身の成長と授業実践の深化が表裏一体の関係にある」ととらえられることから、この図は、現職教員の研修の歩みを想定したものである。

モデル1は、アクティブ・ラーニング型授業を構成する四つの要素が、教師にとってそれぞれ別々の教師研修プログラムになっていることを示している。

図中の「教師の身体技法」というのは、学習者の活動を促進するスキルとして教師に求められる身体技法である。具体的には、学習者が参加準備を整えるためのウォーミングアップの技法、学習活動を促進するためのグルーピングや人間関係づくりの技法、姿勢、発声、話し方、振舞い方など教師の身体性の見直しにかかわる技法、の三つが主な内容となる。

学習者(子どもたち)は、教師側の働きかけに応じてアクティビティへの参加態勢をととのえる(＝〝思いを声に出す勇気、動きだせる身体〟の形成)。その意味で、学習場面における教師の身

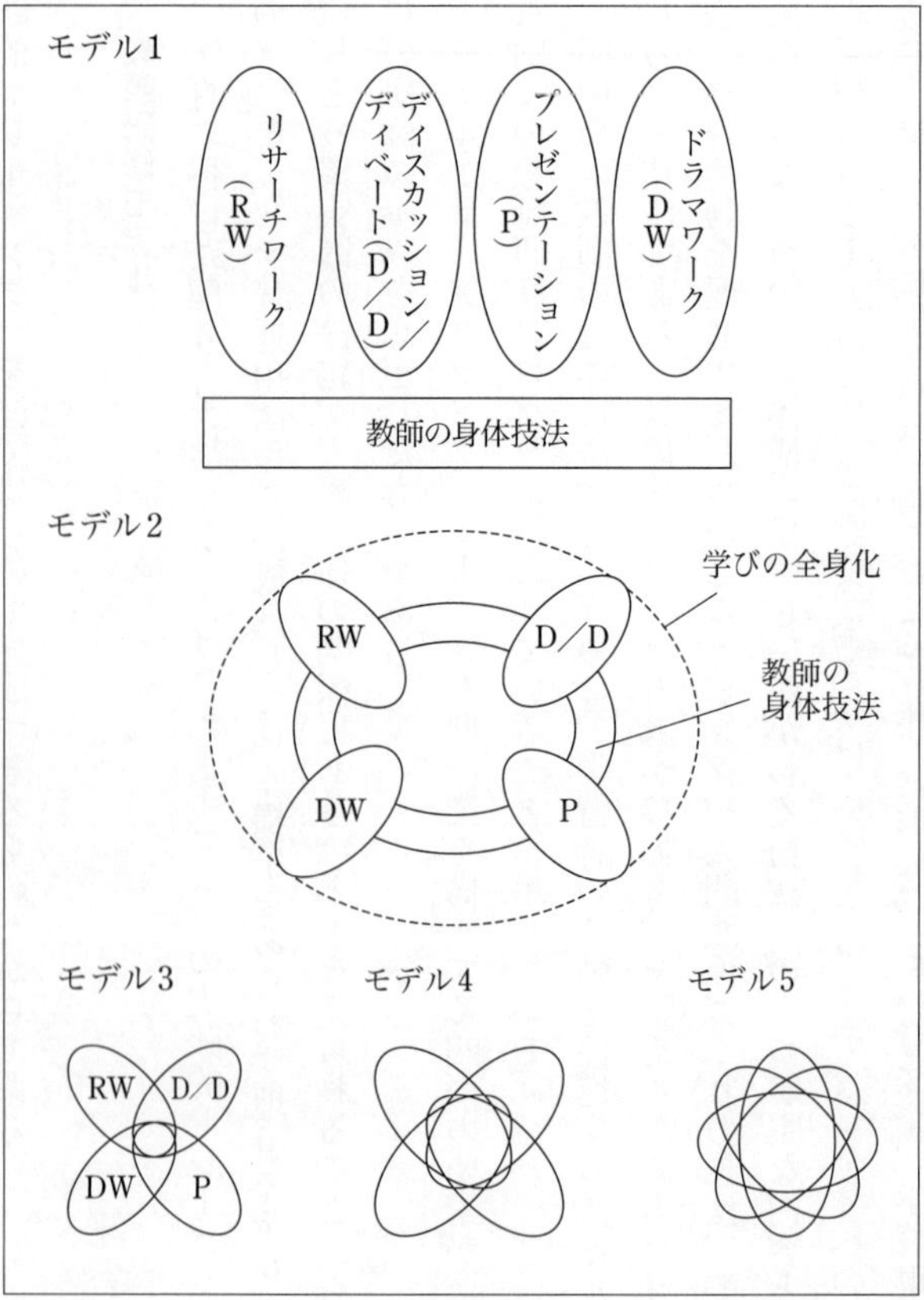
モデル1
リサーチワーク（RW）
ディスカッション／ディベート（D／D）
プレゼンテーション（P）
ドラマワーク（DW）
教師の身体技法
モデル2
学びの全身化
RW
D／D
教師の身体技法
DW
P
モデル3
RW
D／D
DW
P
モデル4
モデル5

図 4-2　教師研修モデル

体技法と学習者の身体技法は表裏の関係にある。

モデル2は、「教師の身体技法」が、四つの要素を動かす起動因となると同時に、各要素をつなぐ役割を果たすことを示している。

四つの範疇に属するアクティビティの運用能力がまだ個々ばらばらなスキルとして存在していることを示すモデル1に対して、モデル2からモデル5は、アクティブ・ラーニングを運用する実践的なトレーニングを積み重ねていくことで、やがては一群のスキルとして統合されていくプロセスを示している。

当然のこと、アクティビティを駆使して、生徒のダイナミックな学びを実現させようとする教師には、自分のもっている知識やスキル、そして身体性について、より自覚的であることが求められる。

モデル5が、教師としての(自己)トレーニングのゴールということになる。これは四つの範疇のアクティビティを等しいレベルで使いこなすことのできる教師である。

もちろんこれは理論モデルであり、実際にモデル5のレベルに達する教師はまだ稀である。ましてや、職場にいる教師の多くがモデル5に到達するまでには、相当な時間が必要となる。

ただ、日々実践に携わっている教師なら、自分がどの分野のアクティビティについて、どんな運用経験とスキルをもっており、いまこの研修モデルのどのあたりにいるのか、そしてこれからどんな種類の自己トレーニングが必要になるのか、容易に判断できるのではないだろうか。そうした目安を示すものでもある。

手法と技法

第2章で、ただやみくもに学習技法を使うのではなく、使うことの意味についても自覚的であるべきだ、と述べた。このことは、教師がどんな手法を使う専門家に自分を育てていこうとするのか、その方向性を模索することにつながっている。ここでは手法と技法の関係について、改めて考えてみよう。

図4-3は、教師がアクティビティを活用する場合に、それが実際にどんな働きをすることになるのか、関連する用語を整理したものである。理解を容易にするために、それぞれの働きに対応する英語をつけている。

まず、個々の「技法」としてアクティビティを活用する場合、その働きを三つの側面でとらえることができる。一つは、活動の約束事を意味する場合で、英語でいえばルール(rule)、コンベンション(convention)にあたる。スポーツのルール、議論のルールなどに対応するもので

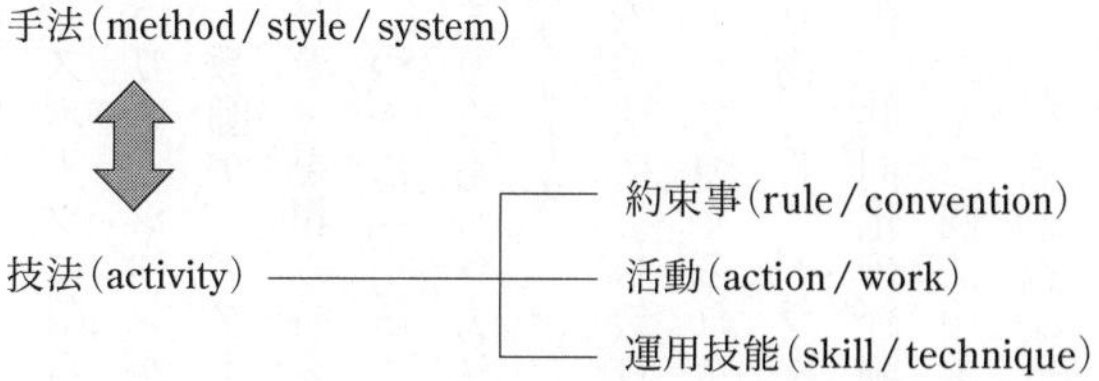

図 4-3　アクティビティの働き

ある。二つ目は、学習者がおこなう活動そのものを指す場合で、それがアクション(action)、ワーク(work)である。三つ目は、アクティビティを活用するときの技能を意味する場合で、それがスキル(skill)、テクニック(technique)にあたる。

約束事(ルール)としての技法について、もう少し考えてみよう。約束事としてのアクティビティには、関係者の合意のもとで公共空間をつくるという働きがある。スポーツを例にすると分かりやすい。野球でいえば「スリーアウトでチェンジ」など、基本的なルールについての合意によって公共空間が生まれ、その空間の中で野球というゲームが成り立っている。

ただ、ルール自体は、必ずしも固定されたものではない。ルール変更についての当事者の合意があれば、その内容を自在に変えられるからだ。たとえば、草野球をしている子どもたちが、人数が減ったため、少人数でもできる三角ベースにルール変更して遊び続ける、といった具合だ。このように、枠組みを作り替えることで公共空間の性質も変わっていく。

スポーツに限らず、ディベートなどのあらゆるゲームが同様の性格をもっている。ルールのバリエーションが増えれば、それだけ多様な形態のゲームになるということだ。

教師が、アクティビティの基本ルールについて知っているだけでなく、臨機応変にアクティビティを組み替えたり、あるいは新しくつくったりできるようになることの意義もそこにある。

つぎに「手法」だが、一定のねらいにしたがってアクティビティを組み合わせ、一つのまとまりをもった方法として機能させるとき、それが手法となる。たとえば、「ロールプレイ」や「フリーズ・フレーム」など、さまざまなドラマ技法を駆使して授業をおこなうことが「演劇的手法による教育(ドラマ教育)」である。そこでは、われわれが暮らす現実の世界とルールによってつくられた公共空間である「もう一つの世界(フィクションの世界)」を往還するための乗り物としてドラマ技法が活用される。学習者が、二つの世界を行き来することで、学びの全身化、共同化の経験を積んでいくのである。

どんな技法を選びどう組み合わせて活用するのか、そこに教師の側の方法論や思想が反映される。その意味での手法が、メソッド(method)、スタイル(style)、システム(system)である。

このように、技法を含みこむより広い概念が手法だということになる。

学びの演出家の仕事

ここまで見てきたとおり、アクティブ・ラーニングの定着につれて、教師の専門性も教師に求められる資質も、〝チョーク&トーク〟全盛の時代とは変わっていかざるを得ない。

私は新しい教師像を「教師＝学びの演出家」と呼んでいる。演出家としての教師に期待される役割は、学習者が潜在的にもっている可能性を洞察し、共同の学びの成果としてそれを顕在化することである。

演出家の仕事を大きく二つに分けることができる。一つは、学び合う場、探求する場を整える仕事、二つ目は、学びそのものを促進する仕事である。学びを演出するという仕事は、学習者に知識やスキルの習得をうながすだけでなく、学ぶ者としての誇りや自信、達成感を獲得してもらうことだといってよい。それはまた一連のコミュニケーション行為をとおして、学習者の社会性のトレーニングをおこなうことにつながっている。

これだけやり甲斐のある仕事というものは、滅多にあるものではない。

ただし、自立的学習者を育てる教師には、従来の〝チョーク&トーク〟の授業に対応した資質とは異なるタイプの資質も求められる。たとえば次のようなものである。第一に、自主的に学ぶことの喜びと楽しさを自らが経験し、それを生徒にも伝えられる「学習者」としての資質。第二に、ディスカッション／ディベートはもちろん、身体表現をも含むさまざまな表現技法を身につけ、学習者を指導できる「表現者」としての資質。第三に、学習者の自主的・主体的な学びを有形無形に励ます「援助者（ファシリテーター）」としての資質である。

まとめ

新しい専門家としての「教師＝学びの演出家」への道のりは、だれにとっても遥かなものにみえる。しかし、挑戦に値する目標といえるだろう。

では長い道のりの最初の一歩をどこでしるすのかということになるが、それはそんなに難しい問題ではない。「学びと表現活動の一体化」というポイントを押さえておけば、アクティブ・ラーニング型授業は、いつでも、だれでも、どの単元の授業でもはじめられるからだ。

まずは通常授業に五〜一〇分のアクティビティを一つ組み込むことからはじめてもいいのだ。次の段階として、複数のアクティビティを組み合わせて一時間のワークショップ型授業をデザインすることもできる。さらには一週間から数週間かけて〈リサーチワーク→発表／討論→作品・報告書づくり〉といったプロジェクト型学習の指導に挑戦することも可能である。

紆余曲折はあるかもしれないが、こうして徐々に実践が深化していくと、学習者はもちろんのこと教師自身の成長も実感できるようになり、それが次の工夫につながるといった好循環も生まれて、変化のスピードが加速されていくことになる。

次の章では、アクティブ・ラーニングが定着する条件を、もう一度広い視野で考えてみよう。

第5章　アクティブ・ラーニングが定着する条件

教育に関わる多くの人にとって、アクティブ・ラーニングへの移行は、決して自然のなりゆきなどではない。そこには必ず何がしかのチャレンジが含まれている。

たとえば、教職コースの学生にアクティブ・ラーニングの授業をすると、授業後のコメントシートにいつもと違う傾向の文章が出てくる。不安と期待の間で揺れ動く気持ちを書いてくるものが目立つのだ。自分が経験したことのない方法で指導することへの心細さがある一方で、新しい授業がもつ可能性に挑むワクワク感がそうさせるのである。なかには異次元の難しさと表現するものもいる。

アクティブ・ラーニングへの移行を、第1章で大きな岩を動かす仕事にたとえたうえで、教師の側の主体的条件をどう整えるのか第2章で考えた。もちろん個々人の条件を整えるだけでは十分ではない。教師たちをとりまく環境条件の整備と見通しの共有が不可欠だからだ。

そこで本章では、行政の視点から環境条件の整備について検討した後、その先にどんな展望が開けることになるのか、さらに市民社会の側でどんなサポートができるのか、考えてみたい。

1　教師をとりまく環境の改善——政策の整合性と実効性

環境条件の整備を考える場合、教育現場に対して最も直接的な影響を及ぼすのが行政の施策である。

アクティブ・ラーニングの定着という施策の実効性を担保するものが、とりわけ教師を支援する体制の確立である。効果的な研修プログラムの提供が不可欠であることはいうまでもないが、もちろん研修だけで十分だというわけではない。

行政の施策をめぐって、私が抱く危惧が大きく二つある。その一つは、物理的条件の整備が不十分であることだ。第1章で東アジア型の教育の特徴として学級規模の大きいことをあげたが、欧米諸国との落差は三〇年たった今でも依然として埋まっていない。

教師の多忙化も進んでいる。団塊世代の大量退職にともなって補充されるべき分の人員を、少子化を理由に相殺してしまっていることもあり、学校現場は慢性的な人員不足である。再雇用教員や非正規教員の働きで、なんとか補っている状態の学校も多く、なかには手当てもつかない状態で再雇用教員が担任と学年主任をしている例もある。

また、日本の教師の勤務時間が長いことは有名だが、授業以外にも学級運営、生徒指導、保護者対応、行事指導、部活動指導、事務処理や報告書類の作成など携わる仕事の種類が多く、仕事量も増加する一方である。

働き方改革が唱えられているが、実態をみると掛け声倒れの学校も多いようである。事実、関東圏の公立中学で英語の教師をしている三〇代後半の教師の話によると、日頃から夜の九時、一〇時まで学校にいるのが当たり前なのだという。よく部活の指導のことが話題になるが、指導が終わってすぐ授業準備に入れたらいい方で、上述の多くの作業をこなしながら、やっと毎日を過ごしているのだという。残業時間が月に一〇〇時間を超すこともあるというから、過労死ラインといわれるのは、決してオーバーではない。

この危惧を払拭するには、政策の優先順位の見直しが不可欠である。PISA（OECDが三年に一度実施する生徒の国際学習到達度調査）やTIMSS（国際数学・理科教育動向調査。国際教育到達度評価学会が四年に一度実施している試験）の順位ばかりに目が向きがちだが、教育予算がGDPの二・九％しかなく、OECD加盟国中最下位（三四位）という状況から早急に脱却すること、時間と労力と費用を集中的に投下して、教師がゆとりをもって授業と生徒指導に集中できるような環境をつくることが必要であろう。

もう一つの危惧は、現場教師への管理強化だ。もともと教育内容への統制が強い国柄であることは先に触れたが、それは公立学校の教師が自分の使う教科書を自分で選べない採択制度になっていることにまで及んでいる。

職員会議が、議決機関でなく校長の実質的な伝達機関になったことで、現場教員が学校の運営についての当事者性を失いつつあること、教員は管理職に、管理職は教育委員会による評価に常にさらされていることなど、枚挙にいとまがない。このような管理統制のもとでは、教員が「失敗しないこと」に必死で、自由で創造的な教育活動に取り組むのが難しくなる。

学校ごとの独自性を活かすカリキュラム・マネジメントが強調されたり、ふさわしい方法を選択しながら工夫して実践できるようにすることが求められたりしているが、せっかくの提案もそれが教師に対する統制の強化と一体で強調されるとき、片方の足でアクセルを吹かしながら、一方の足でブレーキを踏むような施策になってしまうのである。

日本の授業研究のレベルの高さは国際的に有名だが、もともと自主的研修活動にたいする熱心さという点でも群を抜いている。これが日本の教師文化の特徴でもあるのだが、管理統制の強化によって、そのポテンシャルが衰弱するおそれさえある。施策の整合性を考えると、教師の自主性や当事者性を最大限に活かす体制づくりが模索されるべきだろう。

これからの教師は、官製研修、職場研修、民間団体、自主的研究サークル（私の主宰する獲得型教育研究会もその一つ）の研修など、あらゆる機会をとおして、自己研修を続けるほかないということだろう。

2　学校の主体的取り組み

ここから学校という組織の主体的条件について考えてみよう。志をもった若手教師をどう育てるのか、力量を持った教師グループをどうつくるのか、それに向けた環境づくりをどう進めるのか、それが校長などスクール・リーダーの喫緊の課題である。

実践的トレーニングの大切さ

まず、出発点を確認しておく必要がある。日本の場合、中高の教員だと、三週間程度の教育実習を経験したら、もう一人前の教師として採用されるシステムになっている。

海外ではどうなっているのだろうか。第2章で、ディベート技法を使いこなすカリフォルニア州の中学校の実践例をみたが、もちろん誰もが自由自在にアクティビティを使いこなしているわけではない。

だとすれば、教師になるにあたってどんなトレーニングを受けているのか。最近、カリフォルニア州でK―12（小学校から高校まで）の特別支援教員の免許をとった田中綾子さんの体験が、それを考える参考になりそうだ。田中さんは、いまはシリコンバレーの小学校に勤務し、さまざまな障害（知的・発達・学習・視覚・聴覚等）のある子どもの教育に携わっている。第2章に登場した小宮さんと同じくICU高校の卒業生である。

アメリカの場合、日本のように、学習指導要領を基準にして全国一律の教育がおこなわれているわけではない。教職の資格基準も州によって違う。そうした前提のうえで、カリフォルニア州の教員養成の実際がどんなものか、田中さんの体験をとおして見てみよう。

【カリフォルニアの教員養成――田中綾子さんの経験】

私が教職コースにいる間に、アクティブ・ラーニングという言葉を一度も聞いたことがありません。ひょっとしたら、こちらでPBL（Project Based Learning＝プロジェクト学習）を目玉にする学校が増えているので、そのPBLに相当するのかな、と感じます。

昨今では、「探求」に重点がおかれるようになっていて、小さいころから学校でプロジエクトをやる機会が多いため、実践の様子を交えて、教員養成の段階からＰＢＬのことをよく教わります。

カリフォルニア州の場合、正規教員になるのに最低二―三年かかります。プログラムにより多少差はありますが、私が卒業したプログラムの教育実習は一年間（二セメスター）でした。二つのパターンがあります。指定されたベテラン教師についてサポートしながら学ぶステューデント・ティーチング（Student Teaching）と、所属する大学と協定を結んでいる学区に教員として採用され、仕事をしながら実習するインターンシップ（Internship）です。私は前者でした。

双方とも、毎週一回大学のゼミに参加し、実習に関係する分野の内容を学び続けます。その他にも、二、三教育の理論や実践についての科目を履修します。資格コースのプログラムの多くが午後から夜間に開設されているので、日中は実習、その後で大学に向かうことになります。

私の場合、実習先では月曜から金曜まで、終日学校にいます。担当教員だけでなく、大学から派遣されてくるスーパーバイザーとときおり面談して、困りごとの相談などしました。この人と担当教員の評価が、大学のゼミの先生にわたって成績に反映されます。

全部のコースを履修し、さらに州が課す五つの試験に合格して、やっと教員免許が得られます。

つぎの段階がインダクション(Induction＝予備免許)で、これは最初の仕事についてからはじまる教員養成です。教員候補者(Candidate)が州の教育基準を理解し、それぞれのねらいについて成長をみせているかをチェックするシステムです。この基準の中にアクティブ・ラーニングの指導方法も、かなりカバーされているように思います。私は、これを二年間で修了しました。これでようやく本免許(Educational Specialist)を得ることができるわけです。

教員候補者にはコーチがつきます。そのコーチと毎週面談し、基準について話し合ったり、サポートを受けたりします。それだけでなく、指導記録やポートフォリオ作成など、さまざまな課題もこなします。長い期間にわたり、密度の濃い指導を受けることになるので、相性の問題なども含めて、どのコーチにつくかで運命が決まる、という面もたしかにありますね。

そのほかに、毎月、候補者を集めたミーティングがあり、セメスター(学期)毎にテーマ別研修も受けました。また自分がフォーカスしたテーマに関連して、ベテラン教師の指導の観察、質疑の機会もあります。

多くの教員の指導をじかに観察して、どのような指導計画を立てたらいいか、生徒にどのように対応したらいいかなど、さまざまなことも学びました。具体的にアクティブ・ラーニングについてという研修こそありませんでしたが、このプログラムの中で、自然にそれを学んだことになります。

田中さんの教育実習は一年間だが、カリフォルニアと同様に、半年、一年という国が欧米諸国には結構ある。その分、教職に就く前の実践的トレーニングの経験が日本とくらべて圧倒的に多いことが分かる。

逆にいえば、日本では現職についてから、本格的な実践トレーニングが始まるのだともいえる。

しかし一方で、日本の教師の勤労条件がきわめて厳しい状態にあることを前節でみた。教職の志願者が減少傾向にあり、優秀な人材が集まりにくくなっていることも話題になっている。そもそもアクティブ・ラーニングどころの騒ぎではない、という声も現場から聞こえてくる。

こうした状況下で、これまで多くのリーダーが悩んできたのが、実践トレーニングの最初の一歩をどこではじめるかということだ。アクティブ・ラーニングを念頭に、その点に焦点化して見てみよう。

校内で取り組む移行のステップ

アクティブ・ラーニングへの移行は、いつでも、だれからでもはじめられる。たとえば、一人の教師が、いま実際に取り組んでいる一時間の学習単元にどんなアクティビティを入れることが可能なのか、それによって子どもの学びがどう変化するのかをシミュレートしてみる、というような形だ。

そこでは、リーダー的な一人の教師が、明日の授業をどうアクティブにしていくのかという模索を開始し、その経験を教科や学年で共有、さらに校内研修の課題にして共同の取り組みを開始する、といった流れが想定される。これはほんの一例で、それぞれの学校の実情に応じて、いくつものバリエーションがありうる。

さまざまなバリエーションがあるとはいっても、現状の把握と分析↓ターゲット（目標）の明確化↓教師研修プログラムの作成と実施、という三段階は欠かせない要素である。学校における授業実践の深化と教師自身の成長が表裏の関係にあることは特に注意しておきたい点だ。

【現状の把握と分析】　まずは、子どもたちの表現体験がどのような場面でどの程度保証されているか、教師がどのようなアクティビティを使いこなしているのか、その経験とスキルがどの程度なのか、（自己）診断することである。

【目標の明確化】　目標としては、どこを突破口にして実践するのか（単位：全校・学年・有志の個人など、場面：教科・総合学習・特別活動など）を明確にしたうえで、取り組みの渦を校内でどう大きくしていくのか、一定のスパンで構想を描いてみることである。

【教師研修プログラム】　何よりもアクティビティの運用体験を豊かにする研修の実施が必要である。校内でワークショップのリーダーが得られない場合、外部から講師を招いて刺激を受けても良いし、校外の研修会に教師を派遣して体験を持ち帰ってもらうことも良いだろう。

では どうやって学校としての取り組みをスタートさせるのか、その実際を高崎市立北部小学校でおこなわれた校内研修を例に見てみよう。教師自身がアクティブ・ラーニングを経験し、その経験を共有することで、最初のステップを踏みだそうとした試みである。

校内研修の事例

北部小学校の校内研修では、獲得研が開発した「教師のライフコース研究」というプログラムが使われた。これは〈インタビュー→プレゼンづくり→振り返り〉という三つのステップを、二時間に凝縮したものだ。職場の同僚教師がリソースパーソンとなって後輩たちに自分の経験を語り、聴き手の側がその語りを素材としてプレゼンテーションをつくる。

「教師のライフコース研究」は、校種を問わず、手軽に活用可能なプログラムである。というのも、これを使うことで、先ほどあげた職場の【現状の把握と分析】に役立てられると同時に、プロジェクト学習の流れも短時間で経験できるからだ。

北部小学校は、第3章の事例4でも登場した、群馬県高崎市の郊外にある学年二クラスの小規模な学校である。この取り組みは、ミドルリーダーである研修主任がまず校長、教頭に研修プログラムを提案、つぎに職場の合意を得て全校の取り組みになっていったケースだ。

二〇一九年の夏休みに実施された研修会には、同校から一九人のスタッフ、学外から獲得研の一〇人のファシリテーター（小学校から大学までの教員）が参加している。

ここでは、企画をコーディネートした私の視点で報告してみよう。

事例：教師のライフコース研究（校内研修）

●プログラムのねらい

北部小学校で「教師のライフコース研究」に取り組むねらいが二つある。一つは、職場の世代間交流を促進するとともに、ベテラン教師の経験と知恵を若い世代に継承すること、二つ目が、プロジェクト学習の流れを全員に経験してもらうことだ。この二つの要素が相まって、アクティブ・ラーニング導入に向けた素地づくりになる。

●プログラムの概要

北部小学校の研修は、総計五時間の一日研修としておこなったものだ。流れを三つのパート(ウォーミングアップ、チームの人間関係づくりワークショップ、教師のライフコース研究)で構成している。

メインとなるライフコース研究(二時間)の時間配分は、インタビュー三〇分、プレゼン準備四〇分、発表二〇分、振り返り三〇分が目安である。

●準備作業

あらかじめ、校内のベテラン教師五人を選んでもらい、A4用紙一枚の質問紙に回答を記入してもらった。質問項目は、①教師になったきっかけ、②教師生活の転機、③忘れられない生徒たち、④私の失敗、など共通のものを用意する。その中に参加・表現型の学習技法との出会いと活用の要素を入れておくところがポイントである。

当日は、各グループ(五〜六人)が、質問項目に沿って、改めて先輩教師にインタビューする。次に、聞き取った彼らの教師人生について、グループ単位でプレゼンテーションをつくる。KP法(紙芝居プレゼン)、ニュース・ショーなどの形式で発表をおこなうため、インタビューした側の誰かが、語り手本人のキャラクターに「なって」演じることになる。

このプレゼンテーションが、語り手へのお返し(プレゼント)である。各グループの発表を全体で見合った後、振り返りの交流をおこなう。

●研修の場面

研修会場は、窓外にのどかな田園風景が広がる、一階の明るい普通教室だ。五つのチームが、思い思いの場所を占め、インタビューが始まる。いつも職場で顔を合わせている同士とはいっても、だれかの来歴を筋立てて聞いたり、それについて話したりする機会はほとんどないという。土地柄、全員が自動車通勤だから、通勤の途中でおしゃべりしたり、飲みにいったりということもないようだ。

その分、ベテラン教師たちが語るエピソードが、若い人たちには新鮮に映る。荒れた学校で続けた生徒指導の苦労、雪に降りこめられ自動車を路上に放置して帰宅した山間部の学校の苦労、成長して親になった教え子との思いがけない再会の喜びなど、聞き手がうんうんとうなず

先輩の教師人生を演じる若手の先生たち（北部小学校）

くエピソードが次々に語られる。

ここからがプレゼンづくりだ。四〇分の準備で三分の発表をつくる。さっそく、小ぶりのホワイトボードを囲んで、話し合いをはじめる。語りの内容に共感したこともあって、お返しのプレゼンづくりに力が入る。

たった四〇分で、キーワード探し、プロットづくり、配役、リハーサル、発表用のフリップづくりまでこなすのだから、その分、否が応でも凝縮された話し合いになる。制限時間が近づくにつれて、場内が騒然となり、あちこちから笑い声も起こる。

黒板を背にして発表が始まった。小学校、中学校とめまぐるしく任地が変わった教師が主人公のスキットだ。インタビュアー役が人事担当の指導主事役に「○○先生について、どう思われますか?」と質問する。

年配の指導主事役は、物静かで、自分からあまり前に出ることのない若手教師だ。その彼が「ああ、○○くんね、よく頑張ってるよ。今は中学校所属だね。そろそろ希望している小学校に配置してあげたいと思っていますよ」と応じた。

その堂々たる演技に、ベテラン勢からほーっという声があがる。この出来事が職場内でちょっとしたセンセーションを巻き起こした。後に若手教師本人が、あの時はもうやるしかないと思った、と述懐している。

こうして、内容も多彩なら発表形式も多彩な、大興奮の発表会になった。発表形式としては、ナレーションやフリップで場面を説明するスキット発表、ニュース・ショーの形で主人公の人となりを紹介する発表、主人公役の一人語りと回想シーンの演技を組み合わせた発表などが登場している。

振り返りの時間には、大きな輪をつくって座る。さまざまな感想が飛び交ったが、わけても象徴的だったのは、短時間でリアリティのある発表を仕上げただけでなく、「どのチームもためらいなく演じていてビックリした」というコメントである。教員集団が自分たちのもつポテンシャルの大きさを再発見する契機になったのだといえる。

●分析

研修のねらいにあげた世代間交流および経験と知恵の継承について、その端緒が開かれたといえる。プロジェクト学習の流れを短時間で経験してもらう、というねらいも果たされた。研修の余韻が翌日以降も続き、職場で活発な意見交流が始まったという。

「教師のライフコース研究」は、私たち獲得研が繰り返し実施してきたいわば定番プログラムである。最初、語り手になることを躊躇する人もいるが、プログラム終了後は、ほぼ例外なく「やってよかった」と言ってもらえる。自分の語りが演劇的プレゼンテーションにモード変換され、本人の目の前で演じられる、これは日常生活でなかなか味わうことのできない経験だ。それもあるが、語り手になって自らの教師人生を振り返ることで、職場でこれから自分がどんな役割を果たすべきかを考えるきっかけが得られる、それが大きいようだ。

はじめて経験するタイプの研修会で、かくも多彩な表現を生みだせたのには理由がある。それは、午前からのウォーミングアップ、人間関係づくりワークショップでさまざまなアクティビティを経験していたこと、さらにはアクティビティの豊かなストックをもつファシリテーターたちが、北部小学校のメンバーと一緒に発表をつくったことである。

研修参加者が、この日経験したアクティビティの数々を、自分の授業にどう取り入れていけるかが今後の課題となる。職場としては、各人がアクティビティのストックを増やす、さらには活用の経験を教員間で交流するなどの形で、次のステップに歩を進めることになる。

3　実践研究のコミュニティの形成

職場としての学校を、教育専門家のコミュニティという視点でみると、そこには以下の三つの側面がある（次頁図5−1）。

第一は、教科や専門領域を越えて、自由な語り合いがおこなわれ、そこから信頼感が醸成される「談話のコミュニティ」としての側面である。「教師のライフコース研究」などのプログラムがその形成に一役かうことはいうまでもない。

第二は、学校や授業の課題を共有し、共同で実践を深める「実践のコミュニティ」としての側面である。多くの人が教師集団に対してもつイメージがこれだろう。

ただ、実践のコミュニティが十全に機能できるかどうかは、職場が談話のコミュニティとして機能しているかどうかに深くかかわっている。スタッフ同士の関係の深まりによって、どこから実践の改善に取り組むべきかが明らかになったり、職場の実践の深化が促進されたりすることが多いからだ。

第三は、実践で得た知見を、報告書や論文などの形で共有し、さらには外部に向けて発信する「実践研究のコミュニティ」としての側面である。自らの実践を言語化する過程で、実践しただけでは見えなかった意味が明らかになることも多いし、コミュニティの外部からの反応が、構成員のモチベーションを高め、次の実践につながるなど好循環を生むケースも見られる。

実践研究のコミュニティとしての機能が、他の二つの機能の前進を基盤としていることはいうまでもない。

図 5-1　コミュニティの 3 つの側面

これら三つの側面は、決して別々のものではない。相互に浸透的なものである。三つが同時並行で機能しはじめることもあれば、そうでない場合もあるが、いずれにしても、これら三つの側面の深化が、職場のチームワークの成熟というかたちで可視化され、全体として実践のレベルが高まっていく。学校が自らの組織をマネージし、専門家の集団として成長していくというのはそういうことである。

このように見ると、実践研究のコミュニティに属する教師は、自らが身をおく環境をあえて研究対象として相対化しようとする実践者（＝研究的実践者）であり、同時にまた、設定したテーマを自ら実践し、研究結果を記述する研究者（＝実践的研究者）でもある、ということになる。いわゆる職業的研究者だけが研究者ではない。小中高校などの現場にあって当事者研究を進める専門家としての教師もまた、まぎれもなく研究者と呼ぶべき存在である。

　では、さまざまな現場で実践者がおこなう実践研究とはどのようなものなのか。その循環構造をあらわしたのが、図5-2である。

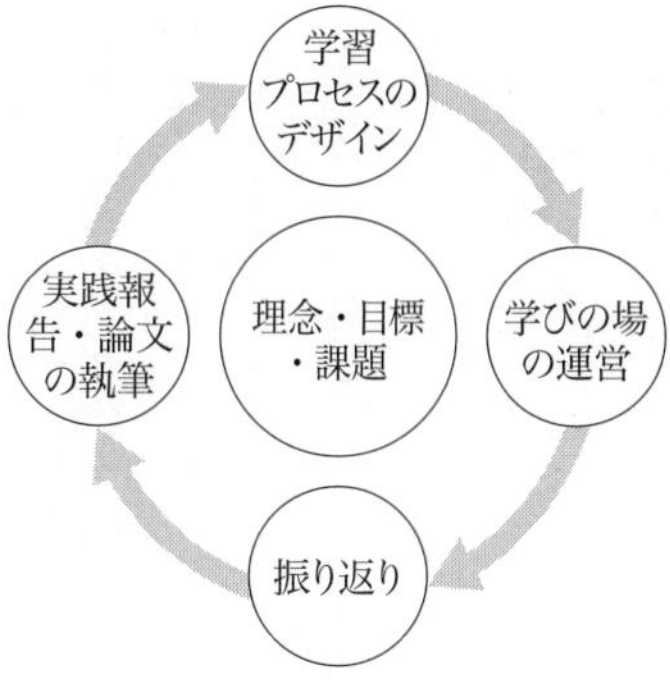

図5-2　当事者研究の循環構造

　図の中心にある大きな円は、コミュニティの構成員が共有する理念・目標・課題である。コミュニティの性格にもよるが、学校のような恒常的組織であれば、まずは教育理念の共有が目指されるだろうし、獲得研のような任意団体であれば目標・課題を設定して取り組むということになる。

　図の外側にある〈学習プロセスのデザイン→学びの場の運営→振り返り〉という流れは、理念・目標・課題を共有した各メンバーが、それぞれに個人やグループで実践に取り組むことを意味している。

この図の特徴は、実践報告・論文の執筆を循環構造に組み込んでいることにある。先述のとおり、実践の言語化を図ることによって、否応なく内省が促され、自らの実践を相対化、客観化できるからだ。また、言語化された実践を共有することで、コミュニティとしての蓄積がより厚くなる効果もある。

さらには、外部に向かって実践の成果を発信することで、ネットワークが拡大したり、異なるタイプのコミュニティとの交流から、それまで気づかなかった新しい視点を得たりして、それが次の実践につながることになる。

ヨーロッパにできた実践研究のコミュニティ

では、図5-2のような循環構造をもつ実践研究のコミュニティはどのようにして形成されるものなのだろうか。ここでは、いまヨーロッパで進行中の事例で考えてみよう。

検討するのは「欧州日本語教育研修会」(公的研修)をベースにした藤光由子さん(ロンドン日本文化センター・日本語教育アドバイザー)たちのコミュニティづくりである。

藤光さんは、三〇年近くアジア、オセアニア、ヨーロッパで、日本語教育支援(教師研修、教材・カリキュラム開発など)の事業に携わってきたスペシャリストだ。

このコミュニティづくりを取り上げる理由が三つある。それは、「参加し、表現する学び」というアクティブ・ラーニングの探究を共通テーマ(目標・課題)にしていること、異文化接触の最前線で展開されている試みであること、そしてIT技術を活用してネットワークを育てるという現代的な取り組みであることである。

欧州における日本語教師たちのコミュニティづくり自体が藤光さんたちの実践であり、したがってそのプロセスも、図5-2の流れに沿って説明することができる。

そこで、これからのコミュニティづくりの参考になる先進的事例として、藤光さんの視点を中心に少し詳しく見てみよう。新しいコミュニティの形成について見ることは、未来の展望を探ることを意味している。

事例：欧州日本語教育研修会(公的研修)

●研修スタイルの刷新を目指して

コミュニティづくりのベースとなった「欧州日本語教育研修会」は、ヨーロッパ在住の日本語教師を対象にした少人数、公募制の集中研修である。国際交流基金パリ日本文化会館が主催し、毎年夏に、同会館の最上階にあるレセプションルームで開かれている。ベランダからエッフェル塔が間近に見える見晴らしのよい会場である。

二〇一七年と一八年の二回、私もこの研修会に関わった。会館のスタッフと一緒に企画を牽引したのが、藤光由子さんである。当時、パリ日本文化会館のアドバイザーだった藤光さんは、受講者が、一方的に語られる講演を聴くだけで、さしたる交流もないまま「勉強になりました」といって帰っていく、そうした従来型の研修スタイルを刷新したいと考えていた。

では、課題・目標の共有に向けてどんな研修を企画したのだろうか。

●二〇一七年の研修プログラム

二〇一七年の研修テーマを、藤光さんが「異文化間リテラシー」×「アクティブ・ラーニング」×「学びの全身化」と設定した。さらに研修の参加者として、将来、フランス、イギリス、ドイツ、オランダ、イタリアなど各国の日本語教育で指導的な役割を果たすことになるだろう教師(日本人一七名)を選んだ。初等・中等・高等教育の専門家から成人教育の専門家にいたるまで、多彩な背景をもつ人々である。

このメンバーが二日間で六つのセッション(各二時間)をこなす。実践の相互交流、グループ・プレゼンテーションの制作、理論解説などを組み合わせた、かなりハードな研修である。

もともとアクティブ・ラーニングについて詳しく知っている日本語教師はそう多くない。そこで個々の参加者が事前に論文を読んだり、日頃の実践をまとめた報告資料を作成したりという準備をしてからパリに参集する、というスタイルをとった。以下、藤光さんの報告をもとにまとめてみる。

●プログラムの運営

参加者が学びの全身化、共同化というコンセプトの意義を体感できるプログラムにした。このなかで参加者に、「ウォークであいさつ」(会場を自由に歩き回りながら、目礼、声かけ、握手といったように次第に参加者の距離を縮めていく)などのウォーミングアップ技法、「音の風景」(蟬の声や枝をゆする風の音など、風景を構成する音を全員が声で表現したりして、その場にいるような臨場感を味わう)などのドラマ技法、あるいは「フリーズ・フレーム」(第3、4章参照)を組み込んだプレゼンテーションなど、各種の技法を活用した表現に触れてもらった。また今回の研修内容を反映させて、各自の実践プランを見直すセッションも設けた。

その結果、この研修がきっかけとなって、ドラマ技法を活用した実践が各地に広がり、その取り組みがネット上で共有されていくことになる。

【根元佐和子さんの実践　フランスの継承語教育】

パリ南日本語補習校の根元佐和子さんも、ドラマ技法を活用した実践にまっさきに取り組み、

根元さん(先頭)のドラマ技法体験.「フリーズ・フレーム」で桃太郎のシーンをつくった(2017年パリでの研修). この体験を自分の現場に生かしていく.

その成果を藤光さんにフィードバックした一人だ。補習校というのは、日本語で勉強する土曜日だけの学校である。

根元さんが担当する国際結婚家庭の子どもたち(九〜一一歳の五人)は、家庭の外で日本語を話す機会が乏しい。そこで教室と外をつなぐ学びの機会をつくれないかと考えていたが、パリの研修会で、そうした環境をつくるのにドラマ技法が有効だという確信を得た。

そこで子どもたちに、学習発表会で「なりきりクイズ・ショー」に取り組むことを提案、サンプルとして「私はミミズ」(第3章参照)を実演してみせた。

この「なりきり」クイズ形式が子どもた

ちの気に入り、やってみようということになった。本番では、一人ひとりが観客の前でスピーチし、絵や写真を見せながら正解を発表する。こんな具合だ。

「ねったいちほうと日本のふかい海からきました。ぼくの住所は、かいていのすなの中。ぼくはからだがとってもながい。ヘビににてるけどヘビじゃないよ。ぼくの家族、ママは……目が大きくてかわいいかおをしている。父は……プランクトンがこうぶつで、たべてると、ときどきからまる。ぼくを見るとすごくいやされるよ。さて、ぼくはだれでしょう？」と観客に問いかける。いくつか反応をもらってから、「ぼくの名前は……??　チンアナゴです」と正解とともに自作の絵を示す。こうして、クマ、アナウサギ、牛、タコが次々に登場した。

八〇人の参観者を前にしたクイズ・ショーは大成功。その勢いにのって、発表を観てくれた大人を対象とするアンケートまでおこなった。

発表会後の最初の授業で、根元さんが子どもたちに感想を聞いてみた。すると、頑張って調べたので内容に満足しているという感想が多かった。一方、もう少しゆっくり話した方がよかったかもしれない、もっと絵を大きくすれば遠くの人にもよく見えただろう、など観客のことを意識したコメントも出た。どうしたら伝えたい内容が相手に的確に伝わるのか、その工夫の大切さに気づいたことも大きな変化だった。

根元さんは、実際の文脈で日本語を使うという経験が、話すことへの自信につながり、子どもたちの文章読解力をつける助けにもなる、と確信したという。

●二〇一八年の研修プログラムの深化

前年の研修で手ごたえを得た藤光さんは、二〇一八年のテーマを「学びの全身化」×「教育プレゼンテーション」に設定した。プログラムの骨格や時間配分は前年を踏襲して、実践研究のコミュニティの形成をより明確に意識した研修にしていく。その特徴が以下の点に表れている。

第一は、参加者の多様性をより厚くしたことだ。新しい参加者だけでなく、前年、前々年の参加者にもリピーターとして参加してもらうという参加経験の多様性・重層性、日本人教師だけでなく、将来を嘱望されているフランス人の大学院生や若手フランス人教師にも参加してもらうという背景の多様性などがその典型である。

第二は、ITのフル活用に挑戦したことだ。パリ日本文化会館(一六名)と、フランス各地、スペイン、イタリア、オランダ、スイス、ドイツ、ハンガリー、日本を同時中継でつなぎ、ネット上の参加者(一四名)も議論に参加したり、プレゼンをつくって発表したりできるような二重構造のプログラムにしたのだ。

第三は、植原久美子さん（ベルリン日独センター、二〇一七年参加）の実践報告と私の理論的解説を入れ子にしたセッションを設けたことだ。植原さんはこの年、前節で紹介した「教師のライフコース研究」のリソースパーソンの役割までこなして、獅子奮迅の働きをすることになった。では植原さんはこの研修会でどんな実践を発信したのだろうか。

【植原久美子さんの実践　ドイツのビギナー成人教育】

植原久美子さんは、ベルリンで成人教育講座の初級を担当している。一〇代から六〇代までのドイツ人を対象とする講座だが、彼らのなかには日本人の価値観に関心がある人が多い。ただ、それを初級コースで扱うのは難しい。

そこで、ドラマ技法を使って昔話「笠地蔵」の世界に入っていき、物語の価値観にふれる授業をやってみることにした。

いつもはじめに、みんなが床に寝転んで一〇分ほど目をつぶる。カーペット敷きの空間に横たわることが、日本語学習モードに移るルーティンになっていて、その姿勢のまま植原さんの朗読に集中する。

たっぷり聴解を続けたあと、おじいさんが笠をもって町に出かけるシーンなど、いくつかの場面を「マイム&ロールプレイ」の技法で再現していく。役になりきって遊び出すと、そこから思いがけない表現が生まれてくる。市場で笠を売るおじいさん役の人が、何度も「結構です」と断られていくうち、やがてがっくりと体を折り、ため息をついてしまった。この瞬間の身体表現が、言葉を学ぶ絶好の機会になる。落胆したときの身体の動きと、「がっかり」という発音が呼び起こす身体感覚には共通するものがある。この感覚を使って、「がっかり」「とぼとぼ」のようなオノマトペを習得していくことになったのだ。

植原さんの授業は、テキストの読解から始まる授業ではない。まず学習者がたっぷり聴解を重ね、さらに演じる経験をしてから、はじめてテキストに触れることになる。その結果、受講生からは、「演じてから読んだので、テキストがよく理解できた」という声が出てくる。さらには、「一人で聞いただけでは十分に理解できなかった内容が、グループで演じることでより深く理解できるようになった」というタイプの感想も多く出てくる。

では演じることがどうして深い学びにつながるのか。植原さんは、グループダイナミクスによる相乗効果に注目する。そして、「一人で学習するよりも高いレベルの学びが可能になるのは、学習者がもつ多様な知識、能力、経験、見方、キャラクターが、演じることをとおして、学びに活かされるからではないか」と語っている。

学習者の言語表出を促すこの授業方法は、獲得研が活用を提案するドラマ技法とドイツで開発されたPDL(心理劇の手法を応用した外国語教育法のテクニック)を組み合わせることで成立したものだという。

●フォローアップ体制

このように深化していった藤光さんのコミュニティづくりだが、その特徴は研修会の後のフォローアップを充実させた点にある。

一つは、共同フォトレポートづくりである。研修を終えて各地に散らばった参加者が、パリ研修の各セッション毎に、参加者として何を感じ、どう考えたのかを振り返り、それをネット上に投稿し、研修の推移を大きな画面で一望できるように編集したのがフォトレポートである。

これが全員参加型の振り返りシステムになっていて、二〇一七年と一八年の二回、同じコンセプトのレポートづくりがおこなわれた。

もう一つが、お互いの実践を交流するネット空間づくりである。ネット上に参加者の現場での実践レポートをアップして自由に閲覧しコメントし合う場をつくり、さらに実践報告者との対話の機会として、オンライン会議システムで研究会を開いて、研究成果の共有化を進めている。

教えている国も校種も違う専門家同士が交流を続けていくと、さまざまな気づきが生まれてくる。たとえば、小学生を教えている根元さんが、中学高校や大学の実践に触れて、「いま自分が教えている子どもたちが、これからどんな学びを経験することになるのか、見通しがもてるようになった」と語るのがそれである。

パリ研修の後に、各国の日本語教師会で研修報告がおこなわれている。それだけでなく、各地の研究会・学会でドラマ技法を取り入れた授業実践を発表するメンバーも現れて、活動の輪が徐々に広がっていった。

そして二〇一九年の夏には、ベオグラード大学で開かれた「ヨーロッパ日本語教師会」(AJE)の研究大会で、パネル発表をするまでになった。藤光さんがコーディネーターになり、フランス(根元)、ドイツ(植原)、イギリス(西澤)、イタリア(時本)の実践をもちよって共同発表したもので、コミュニティとしての成熟を示す好例である。

●ベオグラードの研究大会でのパネル・セッション

先に根元さん、植原さんの実践にふれたので、ここでは西澤芳織さん(オックスフォード大学)、時本美穂さん(ローマ・ラ・サピエンツァ大学)がどんな実践をしているのか、ごく簡単に紹介しよう。どちらも大学院レベルの授業である。

【西澤芳織さんの報告　イギリスの大学院の授業】

西澤芳織さんは、二〇一八年の研修会に参加した。限られた時間の中で参加者と協働し、全身を使った活動を経験するなかで、同じようなプロセスを学生にも体験させたい、そして学ぶ喜びを持たせたい、と思うようになった。

そこで学部と大学院、両方の授業にドラマワークを取り入れることにした。大学院の上級クラスでは、個人プロジェクトとして、それほど親しくない日本人にインタビューをおこない、取材内容からライフヒストリーをつくって一〇分程度で発表している。それを、ペア、あるいは三人グループで取り組むプロジェクトに差し替えた。使う技法は、「なりきりプレゼンテーション」「再現ドラマ」「ホット・シーティング」である。

やってみると顕著な違いが表れた。個人発表のときは、要約した情報を効率よく伝達することがいちばんの目的になっていた。ところが、おんな言葉を意識的に使うなど、「らしさの演出」にこだわって取材相手の人となりを伝えようとする発表、取材相手がかしこまった話し方から打ち解けた話し方に変わった瞬間に焦点をあて、人間関係の構築について考える発表などが現れたのだ。

この実践を通じて西澤さんは、アクティブ・ラーニングでは、たんなる他者への伝達ではなく内的活動の活性化こそがターゲットなのだ、と気づいたという。

【時本美穂さんの報告　イタリアの大学院の授業】

時本美穂さんは二〇一七年にパリで、二〇一八年はオンラインで研修会に参加した。時本さんによると、イタリアの日本語教育がもともと文献購読や文学作品の翻訳から始まったこともあり、伝統的な指導法が定着してしまっている、という。

そこで時本さんは、まずは小さな試みを日常の授業に取り入れる必要がある、と考えた。たとえば教科書『みんなの日本語』の「カラオケ」を速読に使い、カラオケの発明者である井上大佑さんが特許を取っておかなかったために破産したけれどもなぜ彼はそうしなかったのか、ニュース・ショー形式で発表させる、といった試みがそれである。

また、いつもは穴埋め式でやっている語彙テストだが、性格を表す言葉のテストを「プロムナード」でやってみることにした。プロムナードというのは、賛成、反対で学生が二列に並んで遊歩道を作り、その間をゆっくり歩いて行く人物に対して、並んだ人が思いを伝える技法だ。

テストでは、「勇太から結婚を申し込まれ、迷っているみどり」に対して、両脇に並んだ友達が「勇太さんは積極的。パーティのとき、いつも自分から幹事を引き受けてくれるんですよ」など、勇太の性格やエピソードを伝え、みどりが最後に決断するという活動にした。「一回性」というドラマ活動の特徴を生かして、特定の文脈の中で言葉を使うテストに変えたのだ。

イタリアの大学制度では、この活動だけで成績をつけることはない。授業への出席が義務ではなく、筆記および口頭試験のみで成績が決まるからだ。しかし、きちんと出席した学生と、そうでない学生ではどちらの試験でもかなり大きな開きが出る。理由はいろいろ考えられるが、出席した学生は、ドラマ活動をとおして、他の人からのさまざまな質問に即座に答える練習ができていたことが無視できない、と時本さんは考えている。

●分析

藤光さんたちの二年半の歩みをたどってみると、この実践研究のコミュニティの性格がくっきりと浮かび上がってくる。それは第一に、小学校教育の専門家から成人教育の専門家までを包摂する、幅広いコミュニティであること。第二に、メンバー同士がフラットな関係を築いていて、藤光さんがその扇の要の役割を担ってきたこと。第三に、それぞれの現場でアクティビティを創造的に活用することで、新しい知見を次々に生みだしてきたことである。

広く西ヨーロッパにまたがり、ＩＴ技術をフル活用したこのコミュニティづくりの実践は、きわめて先端的な試みである。それと同時に、どこであれ赴任した場所で最善を尽くす、という信条をもつ藤光さんの、たった一人の挑戦から始まったものでもある。

その意味で、国内であるか国外であるかを問わず、これから実践研究のコミュニティづくりに挑戦しようとする人々に、大きな励ましを与えてくれる取り組みだといえる。

では、こうして成立した実践研究のコミュニティというものは、その構成メンバーにとってどんな存在なのか。その意味合いを的確に表現した発言がある。植原久美子さんがベオグラード大学のパネル・セッションで語った、次のような言葉である。

「このパネルを通じて私たち（教師）自身が学びの共同化を経験しました。研修での学習を授業にどう応用するか考えるのはとても楽しい。そして、授業。たくさんの発見に目を開かされ、新鮮な驚きを感じる。これも楽しい。

しかし、教師の学びの正念場はそこからです。授業の場では、いろいろなことが同時に起きる。こうしたきわめて複雑な授業現象から、本質を取り出し、分析し、抽象化し、意味づけをし、学んだ理論の理解をさらに深める。こうした内省は、さらなる授業実践の改善に欠かせない作業ですが、実に難しく、辛い。

私たちの学びのコミュニティが絶大な効果を発揮したのはここでした。何度もオンラインでやりとりし、内省を重ねることで、考察を深めることができた。藤光さんは私たちの学びに方向性を与えてくれました。こうして、この発表にこぎ着けました。私たち教師も、学習者の何倍もの得がたい学びの経験をしたと思います」

こうした柔らかい雰囲気をもつ大小のコミュニティが、国内外に数かぎりなく生まれるとき、既存のコミュニティも含めて、コミュニティ同士の連携が活発化し、アクティブ・ラーニングもまた草の根レベルでジワリと確実に定着していくことになるはずである。

4　アクティブ・ラーニングと民主主義——市民が当事者になる

市民社会の側からのサポートも、アクティブ・ラーニングの定着にとって欠かせない条件である。ここから少し角度を変えて、私たち市民の側で何ができるのか考えてみよう。まずは、アクティブ・ラーニングが定着していった場合に、社会のあり方にどんな影響があるのか、その可能性から見ていこう。市民社会のビジョンに関わる問題である。

戦後も七〇年あまりを経過し、戦争体験の風化が言われるなかで、改めて歴史や民主主義をどう「教え」どう「学ぶ」のかが問われている。これに関連して、グローバル・エデュケーションの提唱者の一人D・セルビーの「民主主義について教えられるときは民主的な方法で教えられるべきだ」という言葉が思い起こされる。この言葉は、いかに民主主義が良いものだとしても、思想としてただ生徒に注入された場合、果たしてそれが彼らの中で内面化されうるのか、という問いかけである。

その文脈でいえば、アクティブ・ラーニングを採用すること自体、「あなたが自分自身の頭で考えなさい」と言って、若者の自立を励ますメッセージだということになる。

自立的学習者とは

アクティブ・ラーニングで育つ学習者像とはどんなものだろうか。知識注入型授業がともすれば学習者を知識の受け皿化するきらいがあることは、すでに述べた。これに対して、アクティブ・ラーニングが目指すのは自立的学習者である。自立的学習者というのは、知識はもちろん豊かな学びの経験をもち、学びの作法をも身につけた学習者のことだ。

では、自立に向かう学習者の道筋はどのようなものなのか。子どもたち自身が学習課題を選び、リサーチを重ね、情報を編集し、発表や表現活動をおこない、それをもとに討論し、論文や作品に仕上げるといったプロジェクト学習で考えてみよう。

こうしたタイプの学習では、学びを深めていくそれぞれの段階で、ブレインストーミング、リサーチワーク、プレゼンテーション、ディスカッション／ディベートなど種類の異なるさまざまな学習活動に参加し、全身を使って探究を試みる。そして一連の活動の最後に、振り返りをおこない、当該テーマについての理解の深化を(自己)評価したり、知の更新の仕方について再確認したりすることになる。

先ほど、豊かな学びの経験をもつ自立的学習者という言い方をしたが、こうしたプロセスを経過する学びには、なんらかの手ごたえ(達成感)がともなうものだ。それだけに、学びの達成感をたっぷり味わって成長するのが自立的学習者だ、と言い換えることもできる。それがどんなタイプの経験かといえば、以下の五つの側面にかかわる経験である。

第一は、プロジェクトの運営に参画する経験である。課題を探究するべく、プランを練り、リサーチワークをおこない、情報を編集し、発表内容をつくりあげるなど一連のプロセスを体験すること自体が、大きな自信につながっていく(マネジメントの知、創造的活動への参加)。

第二は、チームの活動に何らかの貢献をする経験である。自分の出したアイデアが取り入れられるなど、互恵的な学びの経験を豊かにすることが、自尊感情や参加感の高まりにもつながっていく(学びの互恵性、ボランタリーな活動)。

第三は、自分の視野が広がる経験である。それは、設定した課題の解決に向けた探究に邁進することをとおして、それまで気づいていなかったような思いがけない連関が見えてきたり、世界がそれまでとは違って見えてきたりする経験である(探究がもたらす発見の喜び)。

第四は、コミュニケーションの大切さに気づく経験である。自分が「分かる」こととそれが人に「伝わる」ことのギャップを認識し、表現方法を工夫することなどがそれである。グループワークの前提となる「安心して表現できる空間」をつくることもここに含まれる（コミュニケーションのベースとなる安心・安全な空間をつくる）。

第五は、自己の特質に気づく経験である。この気づきは、他者との関係性のなかで自分の能力や取り組み方を評価することで起こってくる。自分のもつスキルがどの程度のものなのかといった能力レベルの評価から、「自分の意見を発表する積極性」と「相手の立場に立って考え、お互いを思いやる心」をどうやって両立させているかといった姿勢（精神態度）レベルのものまで、さまざまである（自己評価、公共性の観念の獲得）。

こうした達成感のある学びの経験を積み重ねることが、自立に近づく道である。それは、自分が成長したかどうかの確認を他者の目だけに依存するのではなく、自分で評価できるようになることでもある。若者たちは、アクティブ・ラーニングに取り組むことをとおして、学びの楽しさをたっぷり味わいながら、自立的学習者への道をゆっくりとたどっていくことになる。

社会参加とアイデンティティ

一歩進めて、市民性の形成という視点からアクティブ・ラーニングの役割を考えてみよう。アクティブ・ラーニングの経験は、社会参加の経験でもある。というのも、若者たちが活動の場を共にし、対面型のコミュニケーションをとおして学んでいく学習がアクティブ・ラーニングだからだ。

そこでさまざまな気づきを得ていくことになるが、その一つに先に第五の側面として挙げた自己の特質への気づきがある。他者の存在を意識することで、自己の存在のあり方により自覚的になること、と言い換えてもよい。

この気づきには二つの面がある。その一つは、自分の強さと弱さも含めて、自分の現状を相対化して見ることで得られる気づきだ。そのことをとおして、価値観や立場の多様性、他者への敬意、少数意見の尊重、異なる価値観をもつ者とのネットワーク形成などの方向に自分を開いていくことになる。それこそがグループワークによる学びの共同化の意味であろう。

もう一つは、アイデンティティの多重性への気づきだ。ローカルなテーマからグローバルなものまで、さまざまなテーマの活動に〝自分事〟として取り組んでいく過程で、自分が学校の一員であるだけでなく、同時に地域社会の市民であり、国民であり、また地球市民であるというように、多重的なアイデンティティをもつ存在であることを自覚するようになっていく。

こうした自覚の広がりが、たとえばヘイトスピーチにみられるような、偏狭なナショナリズムの暴発を抑制することにもつながるのだと考えている。それが、広い視野で自分の行動を見定める主権者ということになる。

自立的学習者から自律的市民へ

こうした学習者像はどんな市民像につながるのだろうか。自立的学習者への道は、そのまま市民社会を支える「自律的市民」としての資質形成にもつながっていく。民主主義社会を支える市民のことだ。社会参加に向けた能動的な身体をもち、全身を駆使して自らのテーマを探究する豊かな経験とスキルをもち、民主的な討議を通じて社会的なルールや枠組みそのものを問い直すことのできる、開かれた発想と批判的理性をもつ市民である。

こうした「自立的学習者＝自律的市民」の形成には、リサーチワークやディスカッション／ディベートなど、アクティブ・ラーニングの経験が不可欠である。

というのも、若者たちが、繰り返しリサーチワークに取り組むことで、知の更新の仕方はもちろん、知の枠組みそのものを問い直す批判的理性を獲得していくことになるし、同様に、グループワークへの参加を重ねることで、合意形成など社会性の獲得にもつながる構造になっているからだ。

このように、アクティブ・ラーニングの経験は、そのまま参加型民主主義の運用経験に通じている。民主主義を構成する要素は、民主主義の思想であり、民主主義的制度であると同時に、理念を具現化するものとしての「手続きと運用」だからである。

その具現化を支えているのが市民同士のコミュニケーションである。とりわけ参加型民主主義にかかわる経験を大別すると、協働してルールを作る経験、自律的にそれを運用する経験、枠組みを作り替える経験などだが、いずれも理性的なコミュニケーションの成立に依拠する度合いの高い経験である。

以上のことから、民主主義を支える自律的市民像として、公共空間の中での個々人の役割を自覚し自発的に貢献する構え（ボランタリーな精神）、むき出しの欲望や利害打算を制御して公共性との調和をはかる精神的な強さ（セルフ・コントロール）、事柄に即して客観的に是非善悪を考えられるクールさ（人柄と事柄の区別）などの特質が見いだされることになる。

これらの特質の形成に直につながるのが、豊かなアクティブ・ラーニング体験である。というのも、第4章で見たとおり、そもそもアクティブ・ラーニングは、アクティビティを介してつくられた公共空間の中で営まれる学びだからだ。

この公共空間で、学習者たちが、互恵的な学びに自発的に貢献する行動をとることによってアクティブ・ラーニングが成り立つ。ここでは、テーマの解明に向けて、異なる意見をもつ他者と一緒にグループワークに携わり、仲間としての関係性を築きながら、事柄に即して冷静に判断し、ときに妥協しながら合意形成を図ることがおこなわれている。アクティブ・ラーニングが学習内容の獲得につながるだけでなく社会性のトレーニングにもなる、ということの意味がそこにある。

市民が当事者になる

以上のとおり、アクティブ・ラーニングは、単に学習者や学校関係者にだけ関係する問題ではない。すべての市民に関係してくる問題である。とりわけ参加型民主主義の成熟に資する可能性をもつのが、アクティブ・ラーニングだといえる。

その意味で、学校と市民社会の連続性について考えることは重要である。では、その延長上で、市民社会の側から、アクティブ・ラーニングの定着に向けてどんなサポートができるのか、考えてみよう。それは、私たち普通の市民が次世代の市民形成にどうかかわることができるのか、という問題である。

結論からいえば、一人ひとりの市民が当事者意識をもち、自分事として教育と向き合うことがサポートにつながっていく、ということになる。自分事として向き合う際に、三つのレベルのサポート――教育に関心を持つこと、理解を深めること、行動に移すこと――が考えられる。

行動に移すことでいえば、すでに全国各地で市民によるサポート活動がおこなわれている。たとえば、小学生に対する登下校の見守り活動がよく知られているが、図書室の蔵書整理を手伝ったり、授業の中に入って教師を助けたり、地域のボランティア・グループが昼休みの教室で絵本の読み聞かせ活動をおこなったりというように、さまざまなレベルのサポートがおこなわれている。

こうした行動にまでいたらなくとも、アクティブ・ラーニングをめぐる動向に関心をもったり、理解を深めたりすることも、サポートにつながっている。

少なくとも以下の三つは、ごく普通の市民でもやろうと思えばできることである。

第一は、市民が教育行政に関わる施策をチェックすることだ。第一節で見たとおり、教育に関わる施策の整合性と実効性が正しく担保されているのかどうか、それをチェックするのが市民に期待される大きな役割である。

とりわけ教育予算の乏しさや正規教員数の不足など、日本の教育がおかれている環境の厳しさと改善の方向性について、あらゆる機会を通じて声を上げていくことが、そのままサポートにつながっていくことになる。

第二は、市民が教育の見巧者《みごうしゃ》になることだ。たとえば伝統文化の世界で、見巧者がいてこそ役者が育つといった言い方がされる。したがって、ここでいう見巧者は、学校のサポーターにして、教育について自分なりの見方をもつ良質な批評家でもある人たち、ということになる。

アクティブ・ラーニングの導入を機に、市民は学校で何が教えられているかだけでなく、どう教えられているかということに、もっと関心を払う必要がある。そのなかに、第4章で紹介したもろもろのアクティビティについて一定の理解をもつことも含まれる。市民の共通教養としてアクティビティが広まることが、アクティブ・ラーニングの意義の共有につながるからだ。

アクティビティの理解にあたり、経験するに如くはない、ということも確かである。私の周囲では、授業や部活動にアクティビティを入れるだけでなく、保護者会のプログラムに、場を和ませるアクティビティを導入して実際に味わってもらう教師が増えてきた。

また、学校外でもアクティビティを経験できる場が増えつつある。一例だが、私も関係している特定非営利活動法人「ドラマケーション普及センター」(東京都台東区)は、学校で生徒対象のワークショップをするだけでなく、アクティビティを使った人間関係づくりワークショップを市民向けにも開催している。ちなみにドラマケーションというのは、ドラマ、コミュニケーション、エデュケーションの合成語である。

もちろんただ経験すればよいというのではない。機会があったら、自分なりの課題意識をもってアクティビティに参加してみる、ということである。

第三は、市民一人ひとりがスクール・コミュニティの構成員としての感覚を共有することだ。コミュニティという言葉が含意するものの一つは、成員個々人がお互いをかけがえのない存在として認め合うこと、もう一つは、それぞれの成員が、相応の役割を自発的に果たすことである。

当時、群馬県知事だった小寺弘之氏が、「小学校を住民の『自治区』に」という注目すべき提言をしたことがある(『朝日新聞』論壇、一九九九年三月九日付朝刊)。小学校の校区ごとに政治の最小単位としての自治区を設け、三億円程度の財源をもって、住民自治をおこなうという提案である。事務所は学校の空き教室。会議は夜。「小学校を自治区にすれば、大人が学校に出入りするようになる。子供たちが何をやっているのか、大人は注目するようになるだろう。小学校は再び、昔のようににぎやかな場所になるだろう。老人と子供との結び付きもできるだろう。孤立した子供と孤独な老人ばかりが増えることもなくなるのではないか」と書いている。

少子化、高齢化が加速するいまだからこそ、当時にもまして重い意味を持つ提言である。子どもの学びを支える多くの眼差しが学校という場で交錯する。そうした環境が生まれることは、子どもたちに、彼らの成長を支援する大人がたくさんいるのだ、と実感させることにつながっていくことになる。

教育に関心と知識を持つ市民の側のこうした直接的・間接的な参加が、アクティブ・ラーニング定着の大きな支えになる。もちろん学校の側でも、市民社会に向かって自分を開いていく、というスタンスをとることが前提である。

柔らかく開かれた学校文化をつくる

では、アクティブ・ラーニングの定着をサポートする、という観点から現在の学校をみたとき、どんなポイントに着眼すべきだろうか。

一つのポイントは、どうやったら子どもたちによる参加や意見表明の機会をより増やすことができるのか、ということである。授業だけでなく学校生活の多くの側面で参加や意見表明のチャンスを用意すること、子どもたちの表現を励ます柔らかい学校文化をつくること、それを初等教育の段階からはじめること、遠回りのように見えても、こうした取り組みがアクティブ・ラーニングを支える土壌となり、ひいては参加型民主主義のベースにもなる。

イギリス、オーストラリア、アメリカなどの高校を訪問すると、校長先生だけでなく、しばしば生徒会の役員が「わが校にようこそ」と出迎えてくれる。なかには、役員が接待役になって、昼休みにティー・パーティを開いてくれる学校もある。日本では滅多に見かけない光景である。その堂々たるふるまいから、彼らが誇りをもって接客にあたっていることが分かる。こうした慣習は、高校生たちがスクール・コミュニティのメンバーであるという自覚を持って、社会参加の経験を豊かにしていることを意味する。

これを日本の主権者育成に置き換えてみると、教室でアクティブ・ラーニング型の授業をより厚くすることは大切だが、それだけでなく校内の自治的活動、学校内外のボランティア活動、政治的意見表明の機会などのすべてを、社会参加につながる一連の契機ととらえ、教師や市民の側がこれを応援していくということだろう。

批判的思考力を育てる

もう一つのポイントは、どうやったら子どもたちに民主主義の手続き(procedure)に習熟する機会を豊富に提供できるのか、ということである。

歴史の流れのなかに民主主義をおいて考えたとき、そこには、思想、制度、手続きと運用という三つの側面があることをすでに述べた。これまでの教育では、どちらかといえば思想、制度の知識的理解に偏っていて、民主的なシステムの運用を子どもたちが実際に体験し、その体験を振り返るなかで自分の意見を形成するという場面が少なかった。

部活動、生徒会活動、ボランティア活動などを、子どもたちが組織のマネジメントに携わる場になるという視点から見直し、これらの活性化を図ることが必要になっている。

また、一八歳選挙権制度の導入を機に主権者教育が注目され、文科省が「政治的教養を育む教育」を提唱している。しかし現状では、たんに投票率を上げるための教育にとどまっているのではないかという批判もある。

そうしたなかで、模擬選挙・模擬投票など、「シミュレーション技法の活用」が改めて見直されている。模擬選挙、模擬議会、模擬裁判、模擬国連などこうしたタイプの活動は、ローカルなものからグローバルなものまで、すでに広く各国でおこなわれてきたものである。近年は日本でも本物の議場を使った模擬議会の実践も散見されるようになった。

これらは自分ならざる立場に「なって」行動する学びの一つであり、同時に、組織のマネジメントを経験する学びでもある。こうしたアクティビティの活用は、当事者性の獲得につながるという意味でも、また広い視野から自分の意見を見定める批判的思考力を育てるという点でも、さらに導入が工夫されていいものである。

主権者教育の本来のねらいは、選挙制度の変遷、小選挙区制のもつ政治的含意など、さまざまな要素を客観的な情報としてもって投票行動ができる賢い主権者を育てることにある。こうした批判的思考力をもつ市民を育てることは、既存の政策や制度的枠組みについても検証の力をつけることにつながる。

当然のこと、地球温暖化防止を求めて世界中に大きな影響を与えているスウェーデンの環境活動家グレタ・トゥンベリさん（一六歳）のように、時の政権やその政策を批判する若者も出てくることだろう。それを大人の側が面倒がってはいけないのであって、むしろ若者の批判力が政治のレベルを高めるように作用する、ととらえるべきだろう。

まとめ——自立的学習者＝新しい教養人

仮にグローバル・スタンダードとでもいうべき教育目標があるとすれば、そのミニマムは、「学び方を習得し、さまざまな角度から考えることのできる批判的思考力をそなえた市民の育成」ということになるだろう。

情報化の進展とともに、学習内容はますます速いスピードで陳腐化していく。それだけに、これからの若者には、「自立的学習者」――学び方を身につけ、自ら知を更新していくことのできる新しい教養人――であることが求められる。その共通教養の中に、学びのツールであるアクティビティに関する知識と運用スキル、豊かで深い自主的な学びの経験が含まれることはいうまでもない。

そうした市民を育てるには、若者たちにアクティブ・ラーニングの豊かな経験を提供することが不可欠である。いま私たちは、真にアクティブ・ラーニングを可能にする条件を、考えなくてはならない時に至っている。

グローバル化を逆手にとって、未来社会を担う新しい市民像をつくりだす好機が到来したという発想に転換すること、そのうえで、アクティブ・ラーニングの定着に向けて、多面的にかつ息長く取り組むことが必要ではないだろうか。

おわりに——異文化接触の最前線で

本書では、アクティブ・ラーニングの概念と、教育改革におけるその意味、インパクトについて語るとともに、アクティブ・ラーニングを定着させようとするとアクティビティ(学習技法)の定着が欠かせない条件になること、そして両者の定着が思うほど簡単ではないにしろ努力すべき課題であることについて、私自身の試行錯誤をふまえて説明してきた。

定着の必要性についてうんぬんするのは簡単だが、実際に実現させるとなればそう簡単ではない。片手間にできる仕事でもなければ、ましてや放っておいても実現するという類の問題でもない。アクティブ・ラーニングへの移行が、日本社会の未来のあり方にまで影響するとなれば、なおさらである。腹をくくって取り組むべきテーマということだろう。

本書の冒頭で、具体例を豊富に入れた問題提起の本にしたいと書いた。実際に、国内外の具体的なエピソードをとおして語ることにつとめたが、その理由について、少し補足させていただくことにしよう。背景には、この四〇年、海外生・帰国生の教育体験にふれることをとおして、どんな方向に日本の社会が変わろうとしているのか(変わるべきなのか)考えざるを得なかった、という事情がある。

一九八〇年代の胎動

時は一九八〇年代にまでさかのぼる。バブル経済の到来に象徴される八〇年代は、「モノ、ヒト、カネ、情報」の国境を越えた往来が活発化し、国際化という言葉がごく日常的に使われるようになった時代である。日本人の価値観や勤労観が激しく揺さぶられた時期でもあった。

こうした時代相を背景として、私は創設されて間もないICU高校(国際基督教大学高等学校、東京都小金井市)の教師になった。ICU高校は、定員の三分の二を帰国生が占める帰国生徒受入れ校で、どの学年にも二〇〜三〇カ国からの帰国生がいる。彼らをとおして知る海外の参加型授業がなんとも刺激的なものに感じられ、授業とはこんなものという当方の思い込みが、すっかり覆される結果になった。

このときに受けたインパクトを、私は一九八〇年の「帰国生ショック」と呼んでいる。いわばこれが私の教育実践研究の原点である。

以後、時代の変化に寄り添いながら、授業開発、教材開発、学習技法開発など、主に開発型の研究を続けてきた。開発型の研究では、「現場から教育を変えられる」というある種の信念が研究の前提になっている。その意味で、いわゆるニュートラルな研究とはおのずと趣を異にしたものである。

大変だったけどおもしろかった

ICU高校にいた二〇年間で、総計一〇〇カ国・五〇〇〇名ほどの生徒を担当した。彼らの授業体験に耳を傾けているうちに、ふと気づかされる瞬間があった。それは彼らが印象深く記憶する体験のなかに、たとえそれらが別々に体験されたものであったとしても、ある種の傾向が刻印されているということだ。

どんな傾向か。それをひと言で表現すると「大変だったけどおもしろかった」というフレーズになる。ただおもしろいだけの授業ではない。学習課題をやりとげるために相応の苦労もしたし、失敗もあった。しかし、その苦労を乗り越えた先に、他では得られないような達成感を味わう経験が待っていた。そんな授業が心に残っている、というのだ。

ここでは、全身を使って課題に立ち向かった経験が、彼らの記憶に深く刻みつけられているところがポイントである。本書ではそれを敷衍して、プロジェクト学習をとおして自立的学習者が味わう達成感（第5章）と表現してみた。

生徒と教師の学びの同型性ということでいえば、獲得型教育研究会メンバーの教師たちが、自分たちの実践研究を「たの苦しい（楽しい＋苦しいの合成語）」と表現したのと同じである。

海外生の作文

四〇年間の教員生活のうち最初の二〇年は帰国生の体験に触れたが、最近の二〇年は、現に海外で暮らしている子どもたち（海外生）の体験に触れることが多くなってきた。公益財団法人・海外子女教育振興財団が主催する「海外子女文芸作品コンクール」（作文の部）の審査員としてである。このコンクールは、詩、短歌、俳句、作文の四部門からなり、毎年、世界中から総計で三万点を超す応募がある。

四〇回目を迎えた二〇一九年のコンクールの応募作品は約四万点であった。海外で暮らす学齢期の子どもが八万人ほどとされているから、単純計算すると、半数近くの子どもたちが、いずれかの分野の作品を書いて応募していることになる。

異文化の中で暮らすということは、とりもなおさず文化的少数者の生活を体験することである。それ自体得難い体験ではあるが、言葉や習慣の壁に否応なくぶつかることになるから、相応のストレスや不安も抱えるのが通例である。大人だって、気持ちが弱っているとき、ひとの親切が身に沁みるものだが、柔らかな感性をもつ子どもたちのアンテナはまして鋭敏である。

それだけに、ますます多言語化・多文化化の進む日本社会が、海外から人々を迎えるときに、どんな思いやりの心を求められることになるのか、そのことを考えるヒントも彼らの体験から見えてくる。

また、異文化の中での体験を言葉でつづるということは、出会いと交流の物語を自分の内部で反芻したり、深く考えたりすることをとおして、自己の存在に自覚的になっていくプロセスでもある。

新しい日本人の誕生

こうした作文の審査を通して実感するのは、異文化接触の最前線で、いま新しいタイプの日本人が続々と誕生している、ということだ。一九八〇年代と比べると、海外生の数そのものが増加したこともあり、長期滞在の子どもの数が着実にふえている。

その傾向を反映して、いわゆる国際結婚で生まれた子どもたち、海外の複数の国を移動して暮らす子どもたち、日本への帰国を前提とせずに海外で暮らし続けている子どもたち、ほとんど日本で暮らした経験がない子どもたちの作品が目立つようになってきたのだ。

これらの子どもたちは、日本を離れている期間が長い分、むしろ意識的に日本語や日本文化と向き合っている人たちだといえる。

スポーツの世界では、国際結婚で生まれたアスリートの活躍が、テニス、陸上、柔道、バスケットボール、ラグビーなどさまざまな領域で話題になっている。こうしただれにでも分かる際立った活躍のようには顕在化していないが、変化がいろいろな分野で起こっていて、そのすそ野は確実に広がっている。

ここではその一例として、二〇〇九年の第三〇回コンクールで文部科学大臣賞を受賞した岡原新菜さん（海外滞在年数一一年）の作文を紹介したい。ドイツ・デュッセルドルフ補習授業校の小学五年生のときに書いた作文「こんなにちがう、同じ本」である。

岡原さんが、日本語とドイツ語でハリー・ポッター・シリーズを読み終えた後、そこから見えてきたことを分析的に記述したもので、原稿用紙にして五枚ほどの作品である。そのまま引用してみよう。

【作文「こんなにちがう、同じ本」岡原新菜】

私はファンタジー小説が大好きです。一番好きなのはハリー・ポッター・シリーズで、これはJ・K・ローリングというイギリス人が書いた魔法使いのお話です。あんまり面白いので、私は一巻から七巻まで日本語とドイツ語で読みました。日本語で四巻を読んでいるときに、頭の中ではドイツ語の言葉で考えていることに何回も気付きました。その後、私は日本の本とドイツの本を比べながら読んでいることが分かりました。そうして読んでいるうちに、ドイツ語の本と日本語の本のちがいや、短所と長所も見えてきました。

まず始めに本の内容のちがいです。一つ目のちがいは、話し言葉です。日本語の本では、「私よ。」とか、「僕だぜ。」とか、「わしじゃよ。」というふうに登場人物に合わせた話し方をするのに、ドイツ語ではいつも「私」という言葉ばかり使うので、人の性格や雰囲気が分かりにくいです。

二つ目は、会話の流れです。例えば日本語の本だと、

「『ハリー、いったい何を?……』

『またあの声なんだーちょっと黙っててー』

『……はらがへったぞー……こんなに長ーい間』

『ほら、聞こえる!』」

というように会話が続けて書かれていることが多いので、と中で切れずにスラスラ読めます。でもドイツ語の会話だと、

「『ハリー、いったい何を？……』とロンとハーマイオニーが聞いた。『またあの声なんだーちょっと黙っててー』とハリーが答えた。するとまたあの声が、『……はらがへったぞーこんなに長ーい間』と言った。『ほら、聞こえる。』とハリーが言った。」

というように、だれが話しているか、いちいち書いてあるので、スラスラ読めず、面どうになったりします。

三つ目は、名前の発音です。日本語でもドイツ語でも登場人物や物の名前などの発音はほとんど同じですが、ちがう時もあります。例えば「ハーマイオニー」と「ヘアミーネ」、「スニッチ」と「シュナッツ」、「クルックシャンクス」と「クルムシュワンツ」、「パッドフット」と「タッツエ」などです。だから、私は時々頭の中がこんがらがってしまいます。

四つ目は、ドイツ語の本の方が日本語の本よりも表現の仕方が不気味だということです。例えば日本語では、「八つざきにしてやる。」なのにドイツ語の本では、「八つにちぎって血を流してやる。」だったり、日本語では「目玉はつぶされた。」なのにドイツ語だと、

「ひっこぬかれた。」だったり、他にも、日本の本では「顔は焼けただれていた。」と書いてあるのに、ドイツ語の本には「顔は焼けて灰のようになり、くずれ落ちた。」と書いてあったりするので、昔はよくねむれない時もありました。

次は内容以外のちがいです。一つ目は、ドイツ語の本が重いことです。日本語の本で上下に分かれているものでも、ドイツ語は全部一冊につまっているので、千ページ以上になって重くなってしまいます。だからずっと手に持っていると、つかれてしまいます。私はよく本をベッドで読むのですが、こういう重い本だと落としてしまうこともあります。

二つ目は、本にのっている絵です。ドイツの本は表紙にしか絵がのっていなくて、しかも本で説明されているハリー・ポッターとはかなりちがうハリー・ポッターの絵がのっています。私はその絵を見てちょっとがっかりして、「こんな絵をどうしてかくんだろう。」と不思議に思いました。日本の表紙の絵は、色や形などがあまりはっきりしていないので、自由に想像ができます。それに、新しい章が始まる時に、いつもその章についての小さな絵がのっているので、それを見てまた色々な想像ができます。

三つ目は目次です。ドイツ語の本には目次がありません。だから、話のテーマや区切りが分かりにくいのです。例えば話を読んでいると中に休けいしたい時、章に分かれていれば、章の終わりまで読めばいいけど、章がないと、私はそのまま読み続けてしまうこともあります。

これらのちがいをくらべてみると、私にとっては日本語に訳された本の方がいいと思います。なぜかというと、私は日本語の本を読んでいる時の方が色々想像出来て面白く感じるからです。それに、日本の本の方が軽いし、しおりがついているので便利です。ハリー・ポッター・シリーズは、いろいろな国の言葉に訳されているので、私はいつか英語やフランス語などでも読んでみたいです。

日本語の本とドイツ語の本、両者を比較するにあたって、まず内容と内容以外というカテゴリーをつくり、それぞれのポイントについて解説するというスタイルをとっている。構成がたくみであるだけでなく、一方では、自分の興味に沿って力みのない自然な語り口で論じているところにも感心させられる。

岡原さんが、末尾で「いつか英語やフランス語などでも読んでみたいです」とサラリと書いていることにも驚かされる。たった一つの外国語を学ぶことにさえ苦労してきた世代の人間からみると、拍子抜けするほどあっさりした書きぶりである。

近年、日本の若者が内向き志向になっているといわれる。海外から日本に留学してくる学生が増えているのに、日本から海外留学する学生の数は伸び悩んでいるという。

一方では、自然体で多文化状況を生きる若者も登場してきた。岡原さんの作文は、その象徴だろう。新しい変化は異文化接触の最前線で起きているというのが、この四〇年、海外生・帰国生の体験に触れてきた私の実感である。

未来への希望

日本の学びの「これまで」と「これから」について考える時、私たちはいまどこに立っているといえるのだろうか。

はっきりしているのは、今が大きな転換点だということである。グローバル化という言葉を使うか使わないかは別として、アクティブ・ラーニングを含む学び方改革の波が世界中に広がっていて、この先、こうした流れと無縁のままでいることはもはや困難である。どんなに距離をおこうとしても、なんらかの影響は免れないのだ。

学校で教えられる知識の陳腐化は、今後ますます速いスピードで進んでいくことになる。これまでの授業で主流だった知識伝達の機能のかなりの部分が、近い将来、ＡＩにとって代わられるだろう、という人もいる。

だとすれば、学びの場としての学校に残される最後の機能はいったい何だろうか。おそらくそれが、人と人がおこなう直接的コミュニケーションであり、そこで展開される互恵的な学びであり、ひいては「自立的学習者＝自律的市民」の育成だと考えている。

さまざまな困難はある。それでも私は、新しい学びの定着に未来への希望を見いだしたいと思う。

あとがき

もともと政治学・政治思想史を専攻していた私が、授業実践の研究に転身することになったきっかけは、帰国生の海外体験にふれたことである。彼らをとおして知る参加型授業の数々がなんとも刺激的なものに映ったのだ。

若いころＩＣＵで、武田清子（日本思想史）、辻清明（行政学）、大塚久雄（欧州経済史）の三先生の指導を受けた。

教師としての武田先生から、帰国生の海外体験という鉱脈を掘り進める探索の作法を学んだ。辻先生から、先生の持論である民主主義における手続きと運用の大切さを参加型授業論に展開するきっかけをいただいた。大塚先生から、帰国生の体験とＭ・ヴェーバーの理念型を結びつけて獲得型授業論を構想するヒントを授かった。

本書の内容は、一見すると三人の先生たちの研究からずいぶん離れたところにあるもののように見えるかもしれない。しかしとりわけ課題意識において、その強い影響下にあることを、執筆の過程であらためて感じることになった。

本書は、獲得型教育研究会の五〇人の仲間と続けてきた共同研究がベースになっており、その到達点を、自分なりの仕方で整理したものだともいえる。一四〇回におよぶ定例研究会・合宿研修会を開いて、一緒に探究を続けてきた仲間のみなさんに、感謝したい。

また、本書のテーマに関連して、山地弘起(大学入試センター)、齋藤純一(早稲田大学)、西岡加名恵(京都大学)、松下佳代(京都大学)、寺脇研(京都造形芸術大学)、池野範男(日本体育大学)の各氏に、定例研究会で講演していただいた。そこから学んだ最新の知見も、なるべく反映させるように努めたつもりである。

もし、本書が多少でも読みやすいものになったとしたら、それは留学生の多い日本大学大学院文学研究科教育学コースのゼミで院生たちに草稿を読んでもらい、彼らの質問にこたえるかたちで初稿を完成させる、というワン・クッションがあったおかげである。

また、教育学研究室の元同僚の平野正久先生と獲得研事務局長の初海茂さんには、初稿の段階からていねいに原稿を読んでもらい、懇切なコメントを頂戴した。以上の方々に深く感謝したい。

最後に、岩波新書編集部の清宮美稚子さんにお礼を述べたい。楽しく筆をすすめることができたのは、岩波ジュニア新書『国際感覚ってなんだろう』のときと同様、清宮さんが絶妙なタイミングで執筆を勧めてくださったおかげである。

二〇一九年一一月　書斎の窓から八国山を眺めつつ

渡部　淳

引用・参考文献

●比較的参照しやすい文献に以下のものがある．
石井英真『今求められる学力と学びとは』日本標準ブックレット，2015年
稲垣忠彦『増補版　明治教授理論史研究――公教育教授定型の形成』評論社，1995年
井上ひさし『井上ひさしコレクション　人間の巻』岩波書店，2005年
苅宿俊文，佐伯胖，高木光太郎編『ワークショップと学び1　まなびを学ぶ』東京大学出版会，2012年
河内徳子，渡部淳，平塚眞樹，安藤聡彦編『学習の転換――新しい「学び」の場の創造』国土社，1997年
公益財団法人・海外子女教育振興財団『海外子女文芸作品コンクール35周年記念作文選集　海外で暮らして――体験したこと，学んだこと』2016年
小針誠『アクティブラーニング――学校教育の理想と現実』講談社現代新書，2018年
齋藤純一『公共性』岩波書店，2000年
佐藤信編『学校という劇場から』論創社，2011年
杉浦正和，和井田清司編著『生徒が変わるディベート術！』国土社，1994年
杉江修治『バズ学習の研究』風間書房，1999年
高尾隆『インプロ教育――即興演劇は創造性を育てるか？』フィルムアート社，2006年
永塚史孝「学校教育と教育方法の変遷」渡部淳編『教育の方法・技術論』弘文堂，2019年，31-48頁
中野民夫『ワークショップ――新しい学びと創造の場』岩波新書，2001年
西岡加名恵『教科と総合学習のカリキュラム設計――パフォーマンス評価をどう活かすか』図書文化社，2016年

引用・参考文献

日本教育方法学会編『教育方法学研究ハンドブック』学文社，2014 年
グラハム・パイク＆ディヴィッド・セルビー，中川喜代子監訳『ヒューマン・ライツ——楽しい活動事例集』明石書店，1993 年
広田照幸『教育改革のやめ方——考える教師，頼れる行政のための視点』岩波書店，2019 年
松尾知明『21 世紀型スキルとは何か——コンピテンシーに基づく教育改革の国際比較』明石書店，2015 年
松下佳代編著『〈新しい能力〉は教育を変えるか——学力・リテラシー・コンピテンシー』ミネルヴァ書房，2010 年
溝上慎一『アクティブラーニングと教授学習パラダイムの転換』東信堂，2014 年
山地弘起「アクティブ・ラーニングとはなにか」『大学教育と情報』私立大学情報教育協会，2014 年度 No. 1, 3 頁
渡部淳編著『海外帰国生——日本の教育への提案』太郎次郎社，1990 年
渡部淳『討論や発表をたのしもう——ディベート入門』ポプラ社，1993 年
渡部淳『教育における演劇的知——21 世紀の授業像と教師の役割』柏書房，2001 年
渡部淳『教師　学びの演出家』旬報社，2007 年
渡辺貴裕『授業づくりの考え方』くろしお出版，2019 年

●ネット上で検索可能な文献
立教大学経営学部中原淳研究室，日本教育研究イノベーションセンター（JCERI）「高等学校におけるアクティブラーニングの視点に立った参加型授業に関する実態調査 2017 報告書」2018 年 10 月 24 日

●本書に収録した実践の関連文献に以下のものがある．
渡部淳編『中高生のためのアメリカ理解入門』明石書店，2005 年

渡部淳＋獲得型教育研究会編『学びを変えるドラマの手法』旬報社，2010 年
渡部淳＋獲得型教育研究会編『学びへのウォーミングアップ　70 の技法』旬報社，2011 年
渡部淳＋獲得型教育研究会編『教育におけるドラマ技法の探究——「学びの体系化」にむけて』明石書店，2014 年
渡部淳＋獲得型教育研究会編『教育プレゼンテーション　目的・技法・実践』旬報社，2015 年
渡部淳＋獲得型教育研究会編『参加型アクティビティ入門』学事出版，2018 年

●本書の骨格を形成するアイデアは，雑誌『世界』(岩波書店)掲載の以下の論考に発表したものである．

渡部淳「ディベートで何が可能か」『世界』635 号，1997 年，289–296 頁
渡部淳「総合学習に展望はあるか」『世界』702 号，2002 年，110–120 頁
渡部淳「主権者教育とは何か」『世界』882 号，2016 年，219–227 頁
渡部淳「アクティブ・ラーニングは可能か」『世界』892 号，2017 年，57–65 頁

渡部 淳

1951年秋田県生まれ．国際基督教大学(ICU)教養学部卒業．同大学院行政学研究科博士課程で政治学を専攻，ICU高校公民科教諭を経て，日本大学文理学部教授．博士(教育学)．2020年1月没．
専門―教育実践研究，ドラマ教育
著書―『国際感覚ってなんだろう』(岩波ジュニア新書)『学校の居心地　世界と日本』(学事出版)『教育における演劇的知』(柏書房)『教師　学びの演出家』(旬報社)『大学生のための知のスキル　表現のスキル』(東京図書)『教育方法としてのドラマ』(J.ニーランズと共著，晩成書房) など

アクティブ・ラーニングとは何か　岩波新書(新赤版)1823

2020年1月21日　第1刷発行
2023年6月5日　第2刷発行

著者　渡《わた》部《なべ》 淳《じゅん》

発行者　坂本政謙

発行所　株式会社 岩波書店
〒101-8002 東京都千代田区一ツ橋2-5-5
案内 03-5210-4000　営業部 03-5210-4111
https://www.iwanami.co.jp/

新書編集部 03-5210-4054
https://www.iwanami.co.jp/sin/

印刷・理想社　カバー・半七印刷　製本・中永製本

ISBN 978-4-00-431823-1　Printed in Japan

岩波新書新赤版一〇〇〇点に際して

ひとつの時代が終わったと言われて久しい。だが、その先にいかなる時代を展望するのか、私たちはその輪郭すら描きえていない。二〇世紀から持ち越した課題の多くは、未だ解決の緒を見つけることのできないままであり、二一世紀が新たに招きよせた問題も少なくない。グローバル資本主義の浸透、憎悪の連鎖、暴力の応酬——世界は混沌として深い不安の只中にある。

現代社会においては変化が常態となり、速さと新しさに絶対的な価値が与えられた。消費社会の深化と情報技術の革命は、種々の境界を無くし、人々の生活やコミュニケーションの様式を根底から変容させてきた。ライフスタイルは多様化し、一面では個人の生き方をそれぞれが選びとる時代が始まっている。同時に、新たな格差が生まれ、様々な次元での亀裂や分断が深まっている。社会や歴史に対する意識が揺らぎ、普遍的な理念に対する根本的な懐疑や、現実を変えることへの無力感がひそかに根を張りつつある。そして生きることに誰もが困難を覚える時代が到来している。

しかし、日常生活のそれぞれの場で、自由と民主主義を獲得し実践することを通じて、私たち自身がそうした閉塞を乗り超え、希望の時代の幕開けを告げてゆくことは不可能ではあるまい。そのために、いま求められていること——それは、個と個の間で開かれた対話を積み重ねながら、人間らしく生きることの条件について一人ひとりが粘り強く思考することではないか。その営みの糧となるものが、教養に外ならないと私たちは考える。歴史とは何か、よく生きるとはいかなることか、世界そして人間はどこへ向かうべきなのか——こうした根源的な問いとの格闘が、文化と知の厚みを作り出し、個人と社会を支える基盤としての教養となった。まさにそのような教養への道案内こそ、岩波新書が創刊以来、追求してきたことである。

岩波新書は、日中戦争下の一九三八年一一月に赤版として創刊された。創刊の辞は、道義の精神に則らない日本の行動を憂慮し、批判的精神と良心的行動の欠如を戒めつつ、現代人の現代的教養を刊行の目的とする、と謳っている。以後、青版、黄版、新赤版と装いを改めながら、合計二五〇〇点余りを世に問うてきた。そして、いままた新赤版が一〇〇〇点を迎えたのを機に、人間の理性と良心への信頼を再確認し、それに裏打ちされた文化を培っていく決意を込めて、新しい装丁のもとに再出発したいと思う。一冊一冊から吹き出す新風が一人でも多くの読者の許に届くこと、そして希望ある時代への想像力を豊かにかき立てることを切に願う。

（二〇〇六年四月）